FRIEDRICH ZAUNER    FERCHER VON STEINWAND

Fercher im 32. Lebensjahr
Ölgemälde von Karl Bender (1859)

FRIEDRICH ZAUNER

# Fercher
# von Steinwand

## Ein Fackelträger des Geistes

### 1828–1902

Verlag am Goetheanum

Stark bearbeitete, erweiterte 2. Auflage
nach der 1978 in Klagenfurt erschienenen Ausgabe
mit dem Titel «Fercher von Steinwand –
ein Fackelträger des Geistes»


Erika Zauner gewidmet


Abbildung auf dem Einband: Siehe Verzeichnis der Abbildungen
auf S. 175 (zur Abb. auf S. 2)


© Copyright 1989 by Philosophisch-Anthroposophischer
Verlag am Goetheanum, CH-4143 Dornach

Gesamtherstellung: Clausen & Bosse, Leck

ISBN 3-7235-0545-7

Es ist nur allzu wahr, kein Kunstwerk erschließt
uns in wenig Augenblicken seine Tiefen . . .
Wir beschäftigen uns so viel, so innig mit dem
Studium der Natur – warum nicht ebenso herzlich
mit dem Verständnis großer Naturen?

*Fercher von Steinwand über Dante Alighieri*

Die Kunst des Wortes wird heute fast gar nicht
verstanden und darum auch kaum geübt, noch
weniger gemeistert . . . Darum ist auch Fercher so
einsam geblieben. Die Welt der wahrhaft
Gebildeten hat eine Ehrenschuld einzulösen,
indem sie den dichtenden Denker nicht auch nach
dem Tode noch einsam läßt.

*Wolfgang Madjera*
*in der Einleitung zu Fercher von Steinwands Werken (1903)*

# Inhalt

Vorwort . . . . . . . . . . . . . . . . . . . . . . . 9

## I. AUS FERCHERS HEIMAT . . . . . . . . . . . 12

## II. AUS SEINEM LEBEN . . . . . . . . . . . . . . 14

*Im Mölltal* S. 15, Eltern und Umwelt (1828) – In Klagenfurt S. 19, Lehrer Doser, Prof. E. Pasler (1841), Dr. Burger (1849), Selbstfindung, Laibach / Görz (1849) – *Graz* S. 25, Lebensbegleiter Dr. A. Egger (1849), Der zündende Funke – *Wien* S. 27, Begeisternde Anerkennung (1850), Zu Tode krank (1852), Rette Dr. Bötticher und Frau, Freunde M. Lexer, L. A. Frankl, E. Rauscher, Erfolg und Enttäuschung (Dresden, 1859), Arbeit und Stille (1859) – *Perchtoldsdorf* S. 37, Drama «Dankmar» (1867), Förderer F. Halm, J. Fachbach, J. und A. Hyrtl, R. Hamerling, Episches: «Kyffhäuser Gäste». «Heimsuchung», «Freiheit» – *Wieder in Wien* S. 54, Lebensabend (1879), Johannes Fercher / Rudolf Steiner (1888), Weisheitsdichter / Geistesforscher, Todesnähe (1889), Schlaganfall (1897), Endliche Anerkennung (1898), Am Fuße des Glockners (1901), Heimgang in Wien (1902)

## III. AUS SEINEM WERK . . . . . . . . . . . . . . 64

Abhandlung über Dante Alighieri, *Ferchers Ringen um die poetische Form* S. 68, Die Ferchersche None, «Über das Epos und über epische Dichtung», Über das «Verhängnis», Begegnung mit dem höheren Ich, «Das Stelldichein», Die Ferchersche Septime, «Die Reise ins Chaos», «Sinnheim», *Die kosmischen Chöre* S. 76, «Chor der Schöpfungsträume» S. 77. *«Chor der Urtriebe»* S. 82, *«Der Geisterzögling»* S. 84, Vom Weg in die höheren Welten – *Mitarbeiter der «Lyra»* S. 90, *Ehrenpräsident der «Iduna»* S. 97, «Über Schilderung und Beschreibung in erzählenden Dichtungen», *Gedichte und Sprüche* S. 100, Aus den «Kryptofloren», *«Geschichte der Menschheit und der Natur»* S. 105, «Die Wiedergeburt»

## IV. NACH FERCHERS TOD . . . . . . . . . . . . . 106

Erinnerungen Christels, Rudolf Steiner über Fercher, Jubiläen

V. RÜCKSCHAU UND SPIEGELBILD . . . . . . . . 125

VI. RÜCKBLICK . . . . . . . . . . . . . . . . . . 130
   Vom griechischen Heidentum zum Christentum

VII. WEITBLICK . . . . . . . . . . . . . . . . . . 135
   Ferchers Vortrag in Dresden am 4. April 1958  *S. 135*

Anhang
   *Anmerkungen  S. 160, Literaturnachweis  S. 165, Personenver-*
   *zeichnis  S. 170, Verzeichnis der Abbildungen  S. 175*

# Vorwort

Seit E. Winkler seine kurze Biographie des Kärntner Dichters erscheinen ließ, ist mehr als ein halbes Jahrhundert vergangen. Er konnte sich noch auf Angaben von Personen stützen, die den Dichter persönlich erlebt hatten. Verschiedene Zusammenhänge freilich waren ihm nicht bekannt oder nicht wichtig; ich durfte diese 1952 in der Festrede bei der Fercherfeier in Klagenfurt darstellen; die Feier war von der Anthroposophischen Gesellschaft gemeinsam mit dem Geschichtsverein für Kärnten veranstaltet. Nach abermals einem Vierteljahrhundert hat sich in Wiener Bibliotheken noch manches Kleinod finden lassen, so daß zum 150. Geburtstag Fercher von Steinwands eine ganze *Monographie* vorgelegt werden konnte, die vieles bisher Unbekannte verarbeitete, wobei ich hier für diese Hilfe besonders danken möchte. Unverändert übernehme ich die kurze Einleitung «Aus seiner Heimat»; denn die Stimmung, die im Mölltal noch 1951 herrschte, kam der von Ferchers Jugendzeit sicher näher als die heutige, da die Autos hier zum Glockner rasen.

Es liegen in Wien eine unbekannte Handschrift: «Chor der Schöpfungsträume»; dann ein Vorwort, in dem der Dichter den Plan seines Ahasver-Epos entwirft und von seinem Ringen um die *Form der Strophen* spricht; ferner eine *Biographie der Jugendjahre* (die Winkler nur zum Teil verwendet). Weiter fanden sich noch unbekannte *Porträts des Dichters*, die hier veröffentlicht werden, dann ein kurzer Lebensabriß von der Geburt bis zu seiner Rückkehr von Dresden nach Wien; die *Biographie 1859* benützt zwar Angaben Ferchers, stammt aber (aus stilistischen Gründen und wegen des Fehlers im Datum der Geburt) wohl nicht von seiner Hand.

Die italienische Porträtistin Iris Margoni Tuzzi (Triest) schuf eine Büste, die Fercher als den feinsinnigen Denker zeigt. Die Villacher Plastikerin Marianne Beer dagegen betont in ihrem Profilrelief eher den «urigen» Kärntner (Bronzeplakette auf Granitblock in Stall): «als sichtbare Mahnung, des Dichters unsichtbares Erbe zu pflegen und weiter zu bilden» (Enthüllungsfeier 1978).

Seit 1979 sind in Wiener und Kärntner Bibliotheken weitere Texte von und über Fercher gefunden worden; auch diese sind in der zweiten Auflage verarbeitet.

Die Anmerkungen wurden vermehrt; die *Daten*, namentlich der Briefe, sind angegeben. Es zeigt sich nämlich, daß die *Jahrsiebente* im Leben Ferchers eine große Rolle spielen, und zwar bis ins hohe Alter, was besonders bei solchen Menschen gilt, die nicht nur ihre angeborene Begabung ausleben, sondern sich geistig weiterentwickeln. Während über das Leben Rudolf Steiners und über seine letzten drei Jahrsiebente, umfangreiche Arbeiten vorliegen (unter anderem von G. Wachsmuth), ist diese Frage bei Fercher noch kaum beachtet worden.

Ich überlasse es dem Leser, namentlich die *Anfänge* der Jahrsiebente und ihre *Höhepunkte* besonders ins Auge zu fassen, also:

Frühling 1828, 35, 42, 49, 56, 63, 70, 77, 84, 91, 98
und Herbst 1831, 38, 45, 52, 59, 66, 73, 80, 87, 94 bis 1901.

Im Text selbst sind nur die großen Einschnitte (21, 42, 63 Jahre) etwas deutlicher hervorgehoben. Von manchen Werken ist freilich das Datum nicht genau bekannt, zumal der Dichter lange daran zu feilen pflegte.

*Robert Hamerling* (1830–1889) war es, der Fercher zu dessen Lebzeiten der Vergessenheit entrissen hat; in unserem Jahrhundert war es *Rudolf Steiner* (1861–1925). Von ihm wurde 1913 dem Klagenfurter Zweig der Anthroposophischen Gesellschaft der Name Fercher von Steinwand gegeben (und dem Grazer der Robert Hamerlings). Er hat im Ersten Weltkrieg in wichtigem Zusammenhang auf Fercher hingewiesen und Werke von ihm aufgeführt und hat 1924 in seinem «Lebensgang» dankbar seiner gedacht. So liegt es nahe, auch die Berührung der beiden Individualitäten näher zu betrachten.

Auf einige Sätze aus dem «Lebensgang» werden wir eingehen. Einer davon hat, näher ausgeführt, einen ganzen Abschnitt ergeben: «Vom griechischen Heidentum zum Christentum». «Ferchers Vortrag in Dresden», auf den Rudolf Steiner im besonderen hingewiesen hat, bildet den Abschluß dieser Schrift.

Dieses Vorwort aber sei mit einigen Sätzen abgeschlossen, mit denen Rudolf Steiner im Buch «Vom Menschenrätsel» (1916) seinen Eindruck von dem Dichter schildert: «Ich lernte ihn Ende der achtziger Jahre in Wien kennen und konnte während einer kurzen Zeit mit ihm persönlich verkehren. Er war damals sechzigjährig; eine wahre

Lichtgestalt; schon äußerlich; aus edlen Zügen, aus sprechenden Augen, in ausdrucksreichen Gesten offenbarte sich einnehmende Wärme; durch Abgeklärtheit und Besonnenheit hindurch wirkte in dem Greise noch wie mit Jugendfrische diese Seele.»[1]

*Friedrich Zauner*

# I. AUS FERCHERS HEIMAT

Dort, wo sich die Möll, vom Glockner kommend, in der Mitte ihres Laufes kurz nach Norden wendet, wandern wir die Straße dahin. Steinig ist sie und gewunden, und nur selten besucht ein Fremder diese einsame Gegend. Ein Halterbub weist uns den Weg. Er blickt uns lange sinnend nach: Was mögen die Fremden wohl in *Steinwand* wollen? . . . Nach einer halben Stunde steilen Aufstiegs sind wir dort. Ein paar Bauernhäuser, an den Hang geduckt; ein Kirchlein; auf einem Felsenvorsprung steht ein kleines Haus: «Fercher-von-Steinwand-Gedächtnisschule, eröffnet 1932». Der Lehrer zeigt uns freundlich das einzige Klassenzimmer, in dem er Buben und Dirndln, acht Jahrgänge zu gleicher Zeit, zu unterrichten hat. (Seit 1952 dienen in der *Steinwander* Schule immerhin zwei Räume dem Unterricht: für die erste bis dritte und vierte bis achte Stufe einer Volksschule.) In einer netten Kammer findet sich des Dichters karge Habe, von Wien hierher geschickt: ein schöner, dunkler Biedermeierkasten, ein poliertes Bett, ein Kästchen mit Erinnerungen, der Lehnstuhl, in dem er starb.

Der alte Egger-Bauer, der hat ihn noch gesehen, den *Kleinfercher Johann* (denn so hieß er eigentlich); er war damals noch jung, als dieser, über 70 Jahre alt, noch einmal in seine Heimat «kommen is». «Glernt håt er nix ghåbt, der Fercher.» – «Jå, von wås håt er dånn glebt?» – «Ah, wohl von seiner Schriftstellerei.»

Wir gehen die Steinwand entlang. Oben, wo sich in den Mulden etwas Erde gesammelt hat, sind die «Äcker» dieser Bauern, unten tief im Tal windet sich die Möll. – Hart am Wege, malerisch gelegen, steht ein niederes Haus: ein Unterbau aus Steinen, dann schwere, dunkle Balken, darauf ein Dach aus grauen Schindeln. «Geburtshaus Ferchers von Steinwand, 1828 bis 1902», verkündet eine Tafel. Das stimmt zwar nicht genau; doch seine Mutter war hier Magd, und die kleine «Bådstubn» (die Nebenhütte, in der der Flachs geröstet wird und in der sie wohnen mußte) ist längst verfallen. Geboren aber wurde er, wie Wagner überliefert, auf freiem Feld... In diesem Bauernhof hat der Dichter, arg herumgestoßen, seine erste Kindheit durchgelitten.

Wir öffnen die niedere, rußbedeckte Tür: beißender Rauch schlägt uns entgegen. «Darf man hineinschauen?» fragen wir die Bäuerin. «Es net vül zum sehn in der Kaluppn», meint sie und wischt sich ihre Augen. «Åber der Fercher ist doch a großa Månn wordn?» – «Ach so, no jå», meint sie und wendet sich dem Ofen wieder zu, der, so scheint es, auch nicht weniger qualmt als der alte offene Herd.

Wir treten vor das Haus und bleiben sinnend stehen. Da mag der kleine Fercher auch gestanden haben, als er, ein kleiner Halterbub, hier noch in fremden Diensten war. – Rauschend toben in der Tiefe die Bäche, die sich in die Möll ergießen; düster deckt der Wald den Fuß des Urgebirges, das sich hier jedem freien Blick voll Trotz entgegenstellt. «Heimat und Dichter, sie haben beide viel Wesensgleiches: eigensinnig, weglos, wie der Gletscherbach wild, bohrend und brechend wie das Element, dunkel, aber mächtig redend wie der sturmdurchsungene Fichtenforst, gefelst und gefurcht, voll Trotz aufwachsend über die Niederungen wie die unbetretene Gipfeleinsamkeit und nur so viel himmelblaue Wärme und Freude, wie sie von Berg zu Berg reicht.»[2]

Dies mag wohl stimmen; und doch – erreichen wir damit des Dichters *Wesen*? Ist er nicht selber ausgezogen und hinausgewachsen über seine Heimat? Und wenn *Rudolf Steiner* in seinem «Lebensgange» schreibt: «Ich betrachte die Tatsache, daß ich Fercher von Steinwand habe kennenlernen dürfen, als eine der wichtigsten, die in jungen Jahren an mich herangetreten sind. Denn seine Persönlichkeit wirkte wie die eines Weisen, der seine Weisheit in echter Dichtung offenbart»,[1] so können wir uns sagen: Des Dichters *wahres* Wesen erklärt sich nicht aus seiner *Heimat*; erst durch den Hinblick auf sein *Leben* mag es uns vergönnt sein, ihm innerlich näherzukommen.

# II. AUS SEINEM LEBEN

«Die Erfahrung hat mich's gelehrt, der Begründer aller Dinge sei zwar überall, doch zunächst und am ausdauerndsten in der wärmsten Strömung unseres eigenen Herzens aufzusuchen. Wesenhaft wird sich zum Geist und getreu das Unendliche finden. – Aber du? Wurde dir die geweihte Lippe zuteil, die Aufschlüsse der redenden Tiefe deiner menschlichen Brüderschaft anzuvertrauen –, unglückliches Sonntagskind! Dir steht bevor, nichts zu sein auf Erden, als der Liebling des Allerhöchsten, der seine Diener und Freunde durch das Feuer beständiger Prüfungen auszeichnet.»[3]
Ist es nicht, als ob Fercher mit diesem Aphorismus, den er zwei Jahre vor seinem Tode niederschrieb, sein eigenes Leben gekennzeichnet hätte? Denn wahrlich: Früh traten die Prüfungen an ihn heran und haben ihn sein Leben lang nicht verlassen! Und denselben Ton vernehmen wir in der Biographie (1844), die er, in der dritten Person abgefaßt, als Sechzehnjähriger für die Kommilitonen seiner Burschenschaft «Teurnia»[4] niederschrieb, die ihn damals schon wegen seiner Dichtergabe den «Leirer» nannten. Ihr entnehmen wir die folgende Schilderung seiner Jugendjahre.

# Im Mölltal

Sein Vater, *Georg Frohnwisser*, war ein stattlicher Bursch aus Feldkirchen im mittleren Kärnten. Als dieser mannbar wurde, pachtete dessen Vater für ihn einen Besitz bei Penk im unteren Mölltal. Aber der Junge, dem kein Weib gram sein konnte, den kein Bursch auf die Schneid fordern durfte, ohne in den kräftigen Armen des Siegers baumeln zu müssen, hatte kein Glück mit seiner Ehe: «Eine Bauerntochter vom benachbarten Zwenberge wurde sein Weib und – sein Verderben. Die Jubeltage waren bald verflogen. Das Weib ergab sich dem Trunk und wurde zur Hyäne. Der Mann, dem das Hauswesen keine Freude mehr brachte, fing an, in Wirtshäusern die verlorene zu suchen und seinen Gram in Branntwein zu ersticken. In diesen trüben Zeiten kam *Anna*, eine 23jährige Bauerntochter aus Latzendorf bei Stall, als Sennerin in seine Dienste und bildete in geistiger und körperlicher Erscheinung den lieblichen Gegensatz zum Häßlichen der Gattin. Mitleid von der einen, Sehnsucht nach einem mitfühlenden Herzen von der anderen Seite führte sie zusammen, und aus beiden Momenten entwickelte sich mittels Dialectik das dritte (um mit Hegel zu reden) speculative Moment – das Kind Josef...»

Das Weib des Georg ging im Branntwein unter, starb und hinterließ ihm ein völlig zerrüttetes Hauswesen. Die Magd aber blieb und empfing von ihm, 28jährig, einen zweiten Sohn. Noch vor dessen Geburt hatte ihm die Obrigkeit Haus und Hof genommen, und er mußte, selbst heimatlos, Anna mit ihrem Pfand zu ihren Eltern schikken. Diese aber stießen das gottlose Kind, das zum zweiten Male ohne höhere Bewilligung Mutter geworden, von der Schwelle ihres Hauses, und nur mit Mühe fand Anna in der Steinwand ein Plätzchen, wo sie das Kind gebären konnte.

Von der Stätte seiner Geburt schreibt der junge Biograph: «Wenn jemals einer von Euch durch die kärntnerische Schweiz, das Möllthal, diese Romanze der Alpennatur, gewallt, um den Eisriesen des Glockners zu besuchen, wird er außer dem Pfarrdorf Stall eine steile Felswand bemerkt haben, an der sich die Möll, fliehend die Schrecken ihrer Heimat, der Gletscher, in schäumender Brandung bricht, wie

Völkeraufschwung an Throncolossen. Weiter vorwärts blüht Stall an der Verwüstung, die ihm den Namen gab. [Ehemals hieß es Waldeck. Nach einer Überschwemmung blieb nur ein einziger Stall übrig.][5]

Die Felswand aber, kahl und schroff, beherbergt nur nistende Geier und – Menschenwohnungen auf ihrem Rücken, trägt Gesträuche für die Vögel der Luft und kümmerlich Getreide, gedüngt mit dem Blute des Bebauers, bezahlt mit seinem Schweiße, oft mit seinem Leben. Dies ist die groteske *Steinwand*,[6] vom Landmann der Umgebung nicht ohne schreckende Nebenbegriffe ‹Stoanwand› genannt. Hier gebar im Hause des Bauers Nehsel, der mit zwei anderen hier sein Hab und Gut den Elementen kämpfend entriß, *Anna Kleinfercher*, eine 28jährige Magd, am 22. März 1828 einen Knaben, dem der Bauer Nehsel [= Eßl] als Pathe bei der Taufe den Namen *Johann* gab.»

Das Kind wurde, laut Kirchenbuch, noch am Tage der Geburt von der Patin Marte Thorrer vlg. Eßlbäuerin zur Kirche gebracht (Winkler). Aber auch hier gab es Schwierigkeiten: Verwandte der Patin überliefern (nach A. Resinger), daß der Geistliche das Kind nicht taufen wollte; da legte die Patin das Neugeborene auf den Opferstein und sagte: «Ein' Heiden trâg i net heim!» Da hat der Geistliche nachgegeben, aber er bestand darauf, den Namen des Kindesvaters zu erfahren.

Lesen wir weiter: «Sein Kindesalter bis zum Jahre 1844 ist einem trüben Herbsttage vergleichbar, in den der Sonnenstrahl der Zukunft nur matt und dämmernd, wohl verglimmend, nie erquickend hineinschielt. – Die erste finstere Wolke, die sich über das Lebensthal des neuen Menschen lagerte, war – seine Geburt; sie ist es auch, die stets drohend ob des Knaben Haupte schwebte, genährt von den Dünsten des socialen Vorurteils, im Donner des verletzten Ehrgefühls grollend und zerschmetternd mit den Blitzen des Schicksals. Die meisten von Euch, Teurnen, haben unter Bauern gelebt», und wer da nun weiß, wie «oft natürliche Kinder, wenn die noch neben denn ex officio leben, zurückgesetzt, mißhandelt, verwünscht oder verflucht werden, der kennt auch die Lage Leirers durch die ersten drei Jahre seines Daseins, die er als Menschles Popper [als kleines Kind einer ledigen Magd] im Hause seines Pathen Nehsel zubrachte. Im vierten Jahr seines Alters ward der Mutter die Jacklkeusche angewiesen gegen einen jährlichen Mietzins», den sie sich verdienen mußte. Erschüttert finden wir im Nachlaß das Gedicht:

Ich war noch nicht fünf Jahre alt,
Und Winter war es, rauh und kalt.
Die Mutter führte mich vor die Tür:
«Ach, daß du lebst, wer kann dafür?» –
Lawinen schliefen den Weg entlang;
Als ich ging, o, wie das knirrt' und klang!
«Jetzt erwirb oder verdirb,
Weine, stirb!»

Und doch war es nicht Lieblosigkeit, die die Mutter zu diesem Ver-
zweiflungsschritte trieb, hat sie ihm doch unter schweren Opfern
später das Studium ermöglicht; es war die bitter harte Not, mit der
die Bewohner des kargen Hochgebirges seit eh und je zu kämpfen
hatten. Und auch der Vater hatte die beiden nicht vergessen; denn der
junge Dichter schreibt weiter:
«Hie und da zu heiligen Zeiten besuchte sie auch der Vater und
brachte ihr etwas Getreide, seinem Söhnchen aber – Nüsse.

Im fünften Jahr fing er an, die Buchstaben zu kennen, auf einem
Täfelchen, das ihm der Schullehrer von Stall geschenkt.» In seiner
Autobiographie schreibt der 70jährige: «Eine strenge Mutter, nicht
ohne Heftigkeit, ein Vater, entschiedenen Herzens, doch geizig an
Worten, schickten mich bereits im fünften Jahr in die entlegene
Schule und zur – Beichte. Der Herr Ortspfarrer von St. Georg zu Stall
entdeckte, daß der scheinbar schroffe Junge schon ganz trefflich das
Gute vom Bösen zu unterscheiden wisse. Ihm beistimmend zur Seite
stand der tapfere Kaplan Johann Tanzenberger, eines ehrenden Ge-
denkens würdig.»[7]
Doch setzen wir zunächst bei der Jugendbiographie fort: Vom
fünften «bis zum neunten Jahr besuchte er im Winter von der Steinwand aus, im größten Gestöber, die zwei Stunden weit entlegene
Schule zu Stall und mußte im Sommer in Dienst zu den ‹stoanwanter
Bauern›, die ihn als Halterbub benützten. Not, Hunger, körperliche
und Seelenschmerzen waren hier seine beständigen Begleiter. Als das
‹vogelfreie Meubel› im Hause mußte er sich alles gefallen lassen. Seinen einzigen Trost in solchen Lagen bildeten, sobald er lesen gelernt,
alte Bibeln, Hauspostillen und Meßbücher, aus denen er Stücke oft
mit nie geahnter Lust seinen Herden vorpredigte. Darin gab sich zuerst das beginnende geistige Leben kund.

Mit dem neunten Jahre kam er nach *Stallhofen*, einem Wallfahrtsort nächst Obervellach, um als Mesnergehilfe zu dienen, welchen Dienst früher sein älterer Bruder Josef versehen hatte. Hier tritt die Katastrophe ein, die seine Richtung zu den Studien bestimmte. Mehr als die Schule zu Obervellach, die er besuchte und wo er von den Bürgerssöhnen verlacht, gehöhnt, ja angespien und vom Lehrer sekirt wurde, mögen die häufigen und misteriösen Feierlichkeiten des Wallfahrtortes, der öftere Umgang mit seinem Vater, der in dieser Gegend als Köhler sich aufhielt, und die Bekanntschaft mit zwei Büchern zur Erhöhung seines Gemüts- und Fantasielebens beigetragen haben. Eines von diesen Büchern war ein altes Predigtbuch, wie man sie in Bauernhäusern häufig findet, das andere war ohne Titel und Anfang, ein Theater, von dem er heimlich viele Stellen auswendig lernte und erst in der zweiten Grammatik[klasse] als Schillers Räuber wieder erkannte.»

Beim alten Mesner hatte der Hansel Wohnung gefunden. «Hatte er seine Heiligen in der Kirche bedient, den Priester auf- und abgezäumt, und war er nicht von seinen Tyrannen anderswo beschäftigt worden, so eilte er auf die Schattseite des Thales, um mit seinem Vater sich zu unterhalten. Wer sie nun hier gesehen hätte, den schlanken flinken Köhler, wie er von seinem dampfenden Gerüste aus dem lebendigen Buben aphoristische Bemerkungen zusandte oder in seiner Bretterhütte mit ihm ein Gespräch begann, dazu öfters einen Schluck aus seinem Fläschchen repetierte: er hätte wohl kaum in diesem angerußten Manne den leibhaftigen Don Juan der Bauernwelt, den kecken Mädchenbezwinger, den gefürchteten Raufkumpan vermutet... Hier sog Johann viel von den Grundsätzen seines Vaters ein, dessen lebhaftes Gemüt und reger Geist dem Knaben auch mehr zusagte als die Rosenkränze und Bibelsprüche der schriftgelehrten Mutter.

Es zeigten sich schon solche Folgen dieses Umgangs, daß die Mutter die Besorgnis aussprach, er möchte den Buben auf die [das heißt auf seine] Seite bringen.

Die erste Äußerung von Johanns gewecktem Geistesleben war, daß er das, was er aus dem Staube der mesnerischen Hauspostillen und Predigtbücher entziffert hatte, abends dem versammelten Cirkel der spinnenden Mägde und rastenden Knechte vorpredigte. Wenn er dann seinen Sermon geendet und vom erhabenen Ofenpfühl herabgestiegen war, so hieß es: ‹No, der kånn's! – Håns, du mußt wohl Geischtlener wern, predigen kånnste ja sakarisch.› – Dies hob das Herz des jungen Redners wieder um einige Klafter und gab ihm Kraft, seine Bitten an die Mutter fortzusetzen, daß sie ihn studieren lasse. Endlich hatte er es dahin gebracht, daß sie ihn nach Stall in die Schule schickte, wo ihn Bezirkscommissär Blumfeld in Kost und Quartier nahm.»

Die Mutter bat den Pfarrer,[8] den Buben für die Lateinschule vorzubereiten; aber der drehte sich aus lauter Ironie auf der Ferse um, und die ganze christliche Gemeinde ärgerte sich und fragte: «Is Menschl tamisch?» (Ist die Magd verrückt?) Aber Kaplan Joh. Tanzenberger half ihm weiter auf die Bahn, «in deren Mitte jetzt Leirer steht. Ich will dieses Jahr seines Lebens, die Schikane des Schullehrers gegen seinen ersten Schüler, die Stöße christlicher Liebe, die er vom Pfarrer und den rechtgläubigen Christen erhalten, übergehen und ihm gleich nach Klagenfurt folgen», wo er im Oktober 1840 an der Hand seiner Mutter ankam und in die dritte Klasse der Normalschule aufgenommen wurde und den «Fluch der Armut» noch grimmig empfinden sollte.


# In Klagenfurt


«Vom Vater und der Mutter, die sich selbst kaum ernähren konnten, so gut wie verlassen, war er mit seiner ganzen Existenz rein auf das angewiesen, was ihm der Zufall und gute Leute brachten.»

Er fand Unterkunft, nach und nach auch ein Mittagessen in verschiedenen Häusern, verdiente ein weniges durch Nachhilfestunden, die er unter anderen der Stefi seines hochverehrten Lehrers Doser gab. Dieser, ein gemütlicher Schwabe und Schulmann mit jeder Faser, war «vielleicht der Einzige, der den Keim seines aufstrebenden Geistes zu würdigen und richtig zu behandeln wußte». Als er durch seine genialen Pensa und in «den schriftlichen Aufsätzen Treffliches leistete, hatte er mit ihm seine eigene Freude, wie sich nur ein Schulmeister über einen trefflichen Gedanken seines Schülers entzücken kann. Bei der Prüfung ließ er seinen Aufsatz als den eminentesten vorlesen, wodurch er unter den Gästen allgemeine Sensation erregte, so daß ihm Schuldirektor Wizzeling einen neuen Zwanziger spendierte und ein Hauptmann ihm die fehlenden Kosttage antrug. Soll dahinter vielleicht ein Omen für die Zukunft stecken? Hier hatte er sich zum erstenmal durch die Feder seine materielle Existenz verbessert.» Lehrer Doser hatte ihn bis 1844 unter seiner Obhut.

Merkwürdig: Jahrzehnte später taucht der Name Doser wieder in Ferchers Leben auf (WStLB 2831): Am 21. März 1901 beglückwünscht ein kaiserlich-königlicher Steuereinnehmer in Ruhe den greisen Dichter zum Geburtstag; er hatte, fünf Jahre jünger als Fercher, 1846 bei diesem Nachhilfestunden genommen und schließt: «Wo ich mich von Ihrer Geistessonne erwärmen [konnte und] Sie, hochgeehrter Herr, den Strahl von Liebe ewiglich für Sie in mein Herz senkten; aber schon früher als gereifter Knabe ich für Sie, hochgeehrter Herr, im geheimen schwärmte, als Ihr Name im Jahre 1845 Schulschluß [31. Juli] in ganz Klagenfurt ward genannt.

Ihr Stefan Doser»

Im Herbst 1841 wurde Fercher[9] ins Benediktiner-Gymnasium aufgenommen. Es begann zunächst gut. Bei Professor Pater Engelbert Pasler gehörte er zu den Besten in Latein und zu den Guten in Mathematik; er «bekümmerte sich die ersten zwei Jahre wenig um ihn» und griff erst «in späteren Jahren entscheidend in sein Schicksal ein». Vom Leiter des Gymnasiums, Pater Joseph Heilmann, «erhielt er eine Stelle als Familiar und auf seine Kosten ein Quartier … Doch eine kleine Extravaganz, außer den Schulbüchern, auf die wir später zurückkommen werden, nahm ihm in der zweiten Grammatik[klasse] diese Begünstigung. Nun ward er genötigt, von Monat zu Monat seinen Gulden [für die Miete] zu erbetteln, wenn nicht die Mutter sich einen vom Munde absparte. Dazu kam noch, daß er durch zwei oder drei Tage gar nichts zu essen bekam, wenn sich gerade nicht genug ‹gute Leute› gefunden hatten, um alle Wochentage damit zu besetzen.

So ging's bis zum Jahre 1844, wo er in die dritte Grammatik aufgestiegen und mit welchem Jahre sichtlich eine neue, wenn auch nicht materiell verbesserte, doch eine das geistige und sociale Leben umgestaltende Periode begann; denn hier werden die Keime zum nachherigen K. E. K. [?] gelegt; hier faßte ihn zuerst die Liebe mit allen ihren Leiden, hier durchbrach der Geist seine Schranken und begann seinen Adlerflug durch die Labyrinthe der Skeptik in das Reich der freien Vernunft.»

Joseph Heilmann hatte sich seiner zunächst als eines braven und fleißigen Schülers angenommen, «jedoch hatte er stets sein Creuz mit ihm, weil er oft nicht wußte, dem wievielten Anscheine nach man glauben sollte? – So sehr er sich also anfangs um ihn bekümmerte, um so tiefer versetzte er ihn später in die Hölle, als er den unschuldigen und kriechenden Ton eines ‹braven› Schülers abgelegt hatte. – Den größten Stoß in dieser Hinsicht gab ihm ein Ereignis aus dem Märze des Jahres 1943, dessen nähere Schilderung gewiß interessieren wird, weil es ein sicherer Ausdruck des damaligen geistigen Lebens von Leirer war.

Als eines der größten, Geist und Herz verderbenden Übel grassieren gewöhnlich in den unteren Klassen solcher Gymnasien, an denen die Jugend systematisch im lateinischen und arithmetischen Staub erstickt wird, die erzumpanzerten Gestalten eines Wendelin von Höllenstein, eines Raubritters von Drachenburg und alle die Ausgeburten eines Delarossagehirnes. Das schauderhaft Romantische zieht das jugendliche Gemüt an, erquickt seine dürre Phantasie, und wer noch vor einer Stunde vor dem Professor wie Espenlaub gezittert, weil er einen Bock zu viel auf sein Pensum geschmiert, der haut sich bald darauf mit allen todten Rittern und Rachegeistern herum wie weiland Liebesheld aus der Teufelsmühle.

Dieses Futter mußte nun Johann auch verkosten, und er müßte nur ein an Leib und Seele ausgedörrter Einser im Zahlensysteme der Menschheit gewesen sein, wenn ihn diese grotesken Schauergestalten nicht mehr als alle andern zur Begeisterung fortgerissen hätten. Dieser Delarossa mag nun auch das Seinige beigetragen haben zur Ausführung eines Unternehmens, welches einem kleinen Kreise ‹zweiter Grammatikal-Schüler und vierten-Klasser› die Ferien zwischen dem Winter- und Sommersemester hätte verkürzen sollen. Es vereinigten sich nämlich Adam Hohenwarter, Blasius Hermetter, Johannes Leitgeb, Chrisostomus Straggl und Johann Kleinfercher mit mehreren andern, die Küche im Naßauschen Hause am Viktringerthore in einen Thaliatempel zu verwandeln und dort gegen ein Entree von 2 Kreuzern die großartigsten Stücke zum besten zu geben. Die außerordentlichen Einnahmen und das brillante Gelingen der ersten Ritterstücke gab ihnen Mut und machte ihre Bühne permanent, so daß sie wöchentlich einige Male spielten. Als die größte Heldenthat wird dabei gerühmt, daß Hermetter als Knappe einmal a posteriori von der Bühne gedonnert habe, zum gräßlichen Ergötzen des P. T. Publicums.

Die Unterhaltung ward unter den Studenten bekannt, und durch den zufälligen Besuch eines Muttersöhnchens, das sich heimlich vom Haus weggeschlichen hatte und dann alles gestehen mußte, was es gesehen und gehört, kam die Sache an Pater Joseph. Da war die Inquisition eingeleitet gegen die vergessenen Frevler; Johann Kleinfercher, der zwar nie als formeller Leiter aufgetreten, wurde schon damals nolens volens als Hauptmann angesehen, als solcher denunziert und mußte darüber drei Tage im Carcer nachdenken. Daß Pater Joseph seine Hand von einem so gottlosen Menschen zurückgezogen, versteht sich von selbst. Präfectus Franz Fritz entkleidete ihn auch feierlichst vor der ganzen Schule seiner Stelle als Familias...»

Fercher endet diese Jugendbiographie mit einem Zitat aus seinem (größtenteils verlorengegangenen) «Tyrannensturz».[10]

In der vierten Klasse, der Syntaxis, erschien eine Schülerzeitung, geleitet von Fercher. Eine Nummer ist erhalten. Die meisten Beiträge sind mit *Meinolphus Steinwand* unterschrieben, und einige von einem *Dionysius Jemand*,[11] ein merkwürdiges Pseudonym.

Er konnte mit Mühe sein Studium weiterführen und erregte als 17jähriger Aufsehen durch sein erstes gedrucktes Gedicht: «Zum Abschiede, dem Professor Engelbert Pasler gewidmet von den Schülern der IV. Gymnasialklasse 1845»[12]. Gewiß – es ist im Stile seiner Zeit geschrieben, im Stile seines Lebensalters; und später – in der Biographie von 1859 – sagt er selber über seine Jugendblüten: «Wäre ich damals in der Verfassung gewesen, mich auf eine ästhetische Kanzel zu stellen, ich würde ohne Zweifel derjenige gewesen sein, der für diese Gedichte die geringste Gnade im Herzen getragen hätte.» Und doch sind Stellen darin, die aufhorchen lassen:

Wie danken wir doch Gottes weisem Walten,
Daß er uns deiner Obhut übergab;

Droht uns ein Laster, diese grause Hyder,
So sei des Kampfes Losung deine Lehr';
Gewiß stürzt dann das Ungeheuer nieder,
Besiegt! – Dein Geist war unsre stärkste Wehr!

1842 hatte, nach den Forschungen Rudolf Steiners, ein Kampf michaelischer Mächte mit gewissen Geistern der Finsternis begonnen. Fercher fühlte dies; und sein ganzes Leben bis zur Jahrhundertwende steht unter diesem Eindruck.

Das 21. Jahr bedeutete für ihn eine große Wende. Nicht nur, weil sein verehrter Lehrer, Dr. Burger,[13] wiederholt in sein Leben eingriff; nicht deshalb, weil die politischen Ereignisse der Jahre 1848 und 1849 ihn innerlich tief bewegten und er zum Oberleutnant des «Akademischen Korps» erhoben wurde (das neben den kaiserlichen Truppen bestand und dessen erwählter Hauptmann Dr. Burger war); auch nicht, weil er zum Haupte einer Burschenschaft geworden (in der sein Wort entscheidend war bis in alle kleinen Angelegenheiten des studentischen Lebens); sondern vor allem deshalb, weil Fercher da in gewissem Sinne seine Heimat verlor.

Obwohl er den Burschenabenden einen edlen Inhalt gab (durch Lesen von Gedichten und gemeinsames Verfassen einer handgeschriebenen Zeitschrift),[14] obwohl die Farben der Burschenschaft ausdrücklich nicht politisch, sondern entsprechend «Glaube, Hoffnung und (Freundes-)Liebe» gewählt waren,[15] wurde Fercher politisch verdächtig, und plötzlich legte sich ihm der «Galgenstrick der Despoten» um den Hals: Er wurde, obgleich zur Rekrutierung nicht vorgesehen, plötzlich und zu Unrecht zum Dienst im Kaiserheere einberufen. Seine Burschen waren in heller Aufregung, in Italien tobte der Krieg. Fercher indessen mußte wegen eines «kleinen Mangels an Kropflosigkeit» zunächst ins Spital. «Wer weiß», schrieb er, «vielleicht blieb mir einmal ein Tyrannenfluch in der Kehle stecken.»[16] Nun war just derselbe Dr. Burger, der Fercher schon wiederholt geholfen hatte, dem Spital als Regimentsarzt zugewiesen, und ihm und anderen gelang es, Fercher freizubekommen. (Die Heimatgemeinde hatte sich nämlich geweigert, die Spitalkosten zu tragen!)

Am Tage, an dem er den Eid auf Habsburgs Fahnen hätte leisten sollen, wurde er aus dem Heer entlassen. Fercher verließ das Spital am 1. Juni 1849. Am 24. Juni veranstalteten die Schüler einen Fackelzug von Klagenfurt zum Vorort Annabichl, wo der geliebte Lehrer wohnte – ein Ereignis für Klagenfurt! Burger hatte nämlich wie auch Fercher seinen Namen nach Johannes dem Täufer erhalten. Die Ehrung – berichtet Egger – wurde freundlich aufgenommen. Die Studierenden des Abschlußjahrganges 1849 zerstreuten sich und nahmen Burgers Bild in bleibender Erinnerung mit sich. Dieser aber war dann selbst Direktor des Gymnasiums (bis 1873) und erwarb sich unvergessene Verdienste um die k. k. Landwirtschaft und das Historische Museum sowie durch seine Tätigkeit als Landtagsabgeordneter. Ritter von Burger starb 71jährig am 4. September 1879.

Da die Gefahr einer neuerlichen Rekrutierung nicht gebannt war, sah sich Fercher genötigt, von Kärnten Abschied zu nehmen und seine Studien im Nachbarland zu beenden. Mit einem Freunde überquerte er die Karawanken und kam nach Laibach. Hier wohl verlor er unter einem ungünstigen Eindruck die Neigung zum geistlichen Beruf, wenn sie noch bestanden hatte.[17]

So wanderten sie von Oberlaibach weiter nach Westen und trafen nach einem 15stündigen Tagesmarsch in unerträglicher Sommerhitze in Görz[18] ein. Hier hatte der arme Schüler mehr Glück: Zweimal wöchentlich war er zu Mittag eingeladen, und hier durfte er auch seine Prüfungen nachtragen. In kurzer Zeit legte er sie über drei Gymnasialsemester ab. In Weltgeschichte machte er dem Professor seine Kenntnisse «derartig und sattsam begreiflich, sowohl erzählend als philosophisch meditierend», daß dieser sein gefürchtetes und höhnisches Herumfoppen ließ, und sprach schließlich mit solchem Enthusiasmus, daß der Prüfer, der ihm drei Viertelstunden zugehört hatte, nichts anderes sagte als: «Bon.»[19]

So kam es, daß Fercher mit 21 Jahren seine geliebte Kärntner Heimat verlor, in die er nun über fünfzig Jahre lang nicht mehr zurückkehren sollte.

# Graz

Lesen wir weiter in, der erwähnten Autobiographie, die er am 12. Januar 1898 in Wien beendet hat: Im selben Jahre (November 1849) «führte mich mein Stern der Universität zu, mithin nach *Graz*, der nächsten Musenburg der Alma mater. Ich wanderte mit meinem Schulgefährten und Jugendfreund Hand in Hand. Dieser, der zugleich mein Landsmann war, beseelt gar oft meine Rede. Allenthalben, in jeder vertrauenswerten Gesellschaft, wo von guten Menschen gesprochen wird, fühlt sich mein Herz verpflichtet, auch den Namen meines lieben Jugendfreundes zu nennen; also sei er auch hier genannt. Mit Recht! Denn wir selbst erwarten, nur ernste und wohldenkende Gemüter werden es sein, welche nach den vorliegenden Blättern fragen. Er lautet Dr. *Alois Egger*, nachmals Regierungsrat und Ritter von Möllwald.» (Der angesehene Germanist und Schulreformer war Hauslehrer des Kronprinzen Rudolf; er wurde in den Adelsstand erhoben, wobei das «von Möllwald» an seine Herkunft erinnert; das «von Steinwand» aber ist zeitlebens nur Künstlername geblieben.)

«Mit meinen Wertpapieren, die natürlich nichts als Schulzeugnisse vorstellen, knapp an der Brust, meldete ich mich in Graz beim Dekan. Das war der Professor [F.] *Edlauer*, ein Kriminalist von bedeutendem Ruf. ‹Er hoffte mich zu sehen (sprach er) als fleißigen Zuhörer in seinem Kollegium, er werde über Naturrecht lesen.› Hinter dem Vorhang dieser harmlosen Ankündigung führte er uns das ganze Semester hindurch in begeisternden Vorträgen die deutschen Philosophen vor, die unter der väterlichen Obsorge unserer geistigen Vormünder wohlmeinend durch Verbote fern gehalten worden waren: Fichte, Schelling, Hegel und so weiter, also Helden, das heißt Begründer und Befruchter alles reinen Denkgebietes, Sprachgeber und Begriffschöpfer für jede andere Wissenschaft, mithin erlauchte Namen, die heutzutage von unseren Gassenecken leuchten und sich dort in ihrer eigentümlichen diamantenen Klarheit fast wunderlich ausnehmen. Dieses Semester war *meine vita nuova!*»

Also Fercher, der das Licht des Idealismus durch die Zeit der bloßen Stoffeswissenschaft hindurchtragen sollte, bis zum Beginn einer neuen Geistesoffenbarung, lernt mit 21 Jahren das Dreigestirn der deutschen Philosophie kennen und bezieht sich in diesem Augenblick auf – *Dante*. «La vita nuova» hatte dieser die poetische Schilderung einer Herzensgeschichte genannt, die er Ende des 13. Jahrhunderts niedergeschrieben. Ferchers eigentümlichen Beziehung zum Genius Dantes werden wir noch wiederholt begegnen. – Die «Teurnia» blüht auch an der Universität, und im Januar 1850 berichtet die «Deutsche Zeitung» Böhmens von der Lesung einer «Drahomira»-Tragödie in Graz, die nach Anlage und Sprache den Dramen des jungen Schiller an die Seite gestellt werden könne, ja, daß der geniale Dichter auch in seiner Erscheinung so sehr an diesen erinnert, daß er in seinem Kreise ohne die geringste Ironie «der junge Schiller» genannt wird.

Schriftführer der Teurnen war der Kärtner *Matthias Lexer*, der später ein «Mittelhochdeutsches Handwörterbuch» herausgab, in zehnjähriger Arbeit das von Jakob Grimm hochgeschätzte «Kärntische Wörterbuch» verfaßte, Universitäts-Professor wurde und den siebten Band vom «Deutschen Wörterbuch» der Brüder Grimm bearbeitete. Hierbei starb er über der Arbeit am Artikel «Todestag».

Vieles von seiner tiefen Liebe zum Wort finden wir in Ferchers Schaffen wieder. Wir werden Lexer in des Dichters Leben noch einmal begegnen.

# Wien

Es zieht den Dichter nach Wien. Er findet dort gute Leute, die ihn am liebsten an Kindes statt annehmen würden, wenn sie nicht selbst so arm wären. Er wohnt nun (November 1805) Neue Wieden, Lange Gasse 741. Theologie und Juristerei hat er aufgegeben; er belegt im Theresianum Alt-, Mittel- und Neuhochdeutsch und römische Literatur. Aber wichtiger ist ihm das Theater. In langen Briefen an seinen treuen Freund A. Egger berichtet er ausführlich von erlebten Aufführungen, vom Verkehr mit Schriftstellern und quillt geradezu über von dramatischen Plänen mit Otto dem Großen, dem Gründer des Reiches, im Mittelpunkt. Aber er kann kaum schreiben: Das Zimmerlein hat keinen Ofen; das Wasser gefriert in kürzester Zeit.

Am 12. Februar 1851 schreibt er an Egger von seinen Plänen: «Das Haarsträubendste dabei ist, daß mir die Dramatik so zur Notwendigkeit geworden, daß ich zu gar keinem Stand mehr Freude habe, und der Professor macht mir so tiefen Ekel als der Militär; was mir somit bevorsteht, weiß ich klar – Furie genug! Manchmal kömmt mir vor, ich möchte die ganze deutsche Geschichte verschlingen und sie in Dramen ausspeien, während mein Magen seit vielleicht drei Tagen an Pentametern [Fünf-Kreuzer-Broten!] verdaut», und dann fährt er fort: «Dir sag ich's unverhohlen: über *Grillparzer* steh' ich weit an dramatischem Gehalt, an Kunst bin ich ihm wohl bei weitem nicht nahe. *Hebbeln* als Poeten übertreff' ich, als geistiger Potenz steh' ich ihm gleichwertig gegenüber, nicht an Studium; aber so viel Studium hab' ich gemacht, um dies ohne Anmaßung behaupten zu können.»[20] Seine Freunde aber bringt er in helle Aufregung: «Verse, als regnete es bekränzte Vesuve!», so urteilen sie über ihn; «Freiligrath und Jordan donnern heraus!» «Eine Poesie, überschwellend, wie sie nie gehört worden – mir ist es noch keinesfalls klar – Nordlandsbrausen! Fürchterlich!» Da beginnt einer, die Verse zu kommentieren, und liest sie noch einmal vor mit feinster Charakteristik; «nun ging allen ein Licht auf. Beigeisterung ohne Ende.»[21]

Die Schauspielerin Christine Hebbel, die eben noch bedauert hatte, «daß es jetzt keinen Dichter mehr gebe außer – ihrem Mann», hörte Ferchers Dichtungen (dieser selbst war nicht dabei). «Wie von einem

Zauber geschüttelt, trug sie die Verse ihrem Manne vor: Ihr ganzes Wesen hob sich, in ihren Augen standen Tränen... Aber ihr Mann – dort im Winkel! Sein graues Aug' wurde immer flammender, seine Wangen färbten sich hochrot, seines ganzen Körpers bemeisterte sich ein konvulsivisches Zucken», er sprang auf und verließ mit einem Fluch das Zimmer. «Schöne Omina, liebster Freund!» fügte Fercher hinzu, dem es berichtet wurde.[22]

Am 22. März 1851 schreibt er an die Teurnen zu ihrem Stiftungsfest: «... für mich ein Tag, der vielleicht die erschütterndste Epoche in meinem Leben macht; er führte mich in eine Welt der Erfahrung, gab meinen Idealen Körper, steigerte sie zur Erhabenheit und wies auf den Altar des Vaterlandes hin, worauf ich sie mit nie erlöschender Begeisterung opfern sollte... Euer erster Präses.» Die Stiftung liegt zwei Jahre zurück; Fercher war damals genau 21 Jahre alt.

Rudolf Steiner hat es oft dargestellt,[23] daß das vorige Erdenleben des Menschen sich in seinem jetzigen Schädel ausprägt. Wie wirkte Ferchers Kopf auf die Mitmenschen? Am 16. November 1851 berichtet der Dichter aus Wien an Egger: Er war in Gesellschaft, lernte dort den Maler Bender kennen; dieser war sofort tief beeindruckt und bat um Proben seiner Dichtkunst, und Fercher ließ einige «Kanonaden» aus seinen Dramen los. Bender wurde «ganz entflammt; endlich sprang er empor und faßte mich am Arm, rufend: ‹Sie sind entweder ein dramatisches Genie, oder ich lasse mir den Kopf abhacken!› Ich war aber nicht ohne Humor und antwortete: ‹Seien Sie ruhig; Ihr Kopf soll unverrückt stehen bleiben.›»

Bender hat ihn dann gezeichnet; ein alter, weitbekannter Physiognom sah das Bild und hielt es für eine geniale Phantasie dieses Künstlers; «wenn aber das Gesicht wirklich existiere [fuhr er fort], so sei, was die Erhabenheit im Ausdruck und ideale Tiefe anbelangt, seit Schiller unter den Gesichtern berühmter Männer schwerlich eine ähnliche Physiognomie dagewesen; was aber an Charakteristik der Leidenschaften und an leidender Schwermut in diesem Gesichte sei, das grenze an das Unglaubliche und Wunderbare. Der Träger dieses Gesichtes müßte der tiefste Gedankenmensch sein.»[24]

In diese Serie von Erfolg und Anerkennung klingt es plötzlich wie Todesahnung, wenn Fercher schreibt: «Mir geht eine Ahnung vor, als werde ich nichts mehr vollenden können, nicht etwa aus Mangel an Lust oder Fülle der Ideen, sondern – ach Gott!... es ist... das Ringen mit der düsteren Hoffnungslosigkeit, es sind nicht die Ströme einer unbefangenen Innerlichkeit, es sind die Schwingen einer Kraft, die von meinem Unglück wie von einem Alp niedergehalten werden. – Aber sei dem, wie ihm wolle, ich werde ringen, so lang es geht.»[25]

Am 10. März 1852 besucht er noch, eingeladen und von zwei Freunden gestützt, «denn mir schmerzten bereits alle Glieder», ein oft gespieltes Zauber- und Ausstattungsstück (von H. v. Levitschnigg). Er berichtet entsetzt: «Nirgends konnte die gaukelhafteste Frechheit, die inhaltleere Maschineriespektakelei so sehr Anklang finden als bei dem derbsinnlichen, backhendlsüchtigen, jeder idealen Tiefe entfremdeten Wiener Publikum... Nation, Dein Gott ist nicht gestorben, blicke deinem Inneren zu... Hätte ich nur *eine* dramatische Zeile gehört, ich würde gejauchzt haben... Der Zusammenstoß des Christentums und des Gräzismus [des griechischen Wesens] soll dem Stücke zugrunde liegen. Welch herrlicher Vorwurf!– Und wo blieb der Dichter? Der Dichter, dessen Ruf uns zu größeren Anforderungen berechtigt? – Nirgends die Gegenwart erfaßt, nirgends die Vergangenheit mit vermittelnden Gestaltungen bevölkert, nirgends ein aufhellender Strahl auf unsere düstere Zukunft geworfen!» (FB)

Einen Monat darauf erkrankt er schwer.

Ein Hungertyphus bringt den 24jährigen hart ans Grab. Schon am 13. April 1852 (Osterdienstag) schreibt er an Egger nach Graz: «... fieberisch schüttelt es mich, daß ich manchmal nicht weiß, ob ich noch eine Ader an mir habe, die nicht zu springen drohte. Ostersonntag und Montag brachte ich zwar außerhalb des Bettes zu, aber, ach Gott! nur darum, weil ich nicht weiß, in welchem Winkel der Erde ich meine Wehen verbergen soll... Ach, daß ich doch arbeiten könnte... O, daß ich doch sterben könnte...»

Dr. Bötticher und seine Frau haben ihm das Leben gerettet. Der literarisch interessierte Arzt hatte manches von Fercher gelesen und ihn im Kaffeehaus kennengelernt. Er besucht den Schwerkranken, erkennt seine trostlose Lage und bietet ihm freie Wohnung und Pflege. An den Folgen der Krankheit aber trägt der Dichter bis zu seinem Tod.

Seine Mutter muß von der Erkrankung erfahren haben, und die abgemüdete, 53jährige Frau wandert, das Vesperbrot von 14 Tagen in der Tasche, zu Fuß nach Graz (270 Kilometer), um dort ihren Sohn zu suchen (A. Resinger). Auch Egger weiß nicht, wo er ist. Er schreibt an Fercher, der Brief wird nachgesandt. Fercher antwortet am 30. Juli und schreibt beschwörend: «Seit zwei Monaten bin ich in Vöslau. Ich kuriere mich... Lasse sie unter keiner, keiner, keiner, keiner Bedingung zu mir kommen... Mir jetzt die Mutter an den Hals zu schikken heißt: mich rädern...» Da ist die Mutter umgekehrt und hat ihr Kind nie wiedergesehen. – Wohl hat er ihr zum Trost das wunderbare Ölporträt geschickt, das von Bender stammt und lange im «Oberen Cella-Haus» in Stall im Mölltal zu sehen war;[26] aber eigentlich hat er doch jetzt nicht nur seine Heimat, sondern auch seine Eltern verloren.

Als 70jähriger gedenkt er jener Zeit: Ich bereitete «mich auf eine Professur vor. Allein mit dem Waltenden und Allgewaltigen über uns ist nicht gerechnet worden und wird niemals zu rechnen sein. Gewöhnlich wollen seine Anordnungen etwas anderes, als wir wollen. Was *das* betrifft, ist der Mensch gewiß nicht der Schmied seines Glückes; er ist einfach ein Geschöpf, das nicht klug ist, wenn es jammert und närrisch, wenn es hadert. Ein erschütterndes Nervenfieber setzte mich für geraume Zeit an den Rand des Grabes.»

Seine alte Heimat ist verloren – eine neue gewonnen: Das Ehepaar Bötticher adoptiert ihn, Frau Karoline wird seine Pflegemutter, an der er nun mit großer Liebe hängt (Winkler), und das Haus in Wien, Bognergasse 13, wird ein ruhender Punkt für ihn durch 28 Jahre. Es liegt beim Kriegsministerium. Im Hof, nahe der großen gotischen Kirche mit dem riesigen barocken Portal: In dieser Kirche war die Gründung des Kaiserreiches Österreich verkündet worden und das Ende des Heiligen Römischen Reiches Deutscher Nation. Sie heißt: «Zu den neun Chören der Engel».[27]

Er war längst schon frei geworden vom Lebenskreis der Mutter und des Vaters: sowohl von den Heiligenbildern und dröhnenden Rosenkränzen der Bauernstuben – durch seine Enttäuschung in Stall, Klagenfurt und Laibach – als auch von der Denkungsart des Vaters. Er konnte zwar ein richtiger Hitzkopf sein beim Kritisieren, eine «impetuose Natur»,[28] doch die Ehrerbietung gegen Frauen hat er wohl nie verletzt.

Am 1. März 1853 schreibt er an Egger: «Endlich nach langem komm' ich wieder... Vom Typhus bin ich zwar genesen, aber noch nicht von der Krankheit... Auf eine gänzliche Herstellung werde ich wohl verzichten müssen... Hast Du nichts von meiner Mutter gehört? Das arme Menschenkind! Ich kann ihr nicht helfen... *Lexer* besucht mich recht oft und war der einzige von meiner weiteren Bekanntschaft, der mich während meiner physischen Niederlage nicht geflohen hat. – Ihr beschäftigt Euch stark mit dem Grimmschen Germanismus; bei mir will, wie immer, nichts vorwärts gehen. Hatt' ich schon ehedem Gedächtnismangel, so hat mich die Krankheit ganz blank gemacht, und ich habe zeitweilig die größte Mühe, mich vor gänzlicher Verlorenheit fernzuhalten... so mancherlei, womit ich ehedem wie unter einem Dache wohnte, berührt mich nach wiederholter Auffrischung, als hätten wir uns vor einem Jahrhundert irgendwo gesehen. – Am Erinnerungsvermögen spür' ich keine Abnahme, ja mir erscheint vieles nur noch greller, freundlicher und feindlicher, je nach der Beschaffenheit und Wirkung der Dinge auf mich. Meine Liebe zu Dir ist auch nicht kleiner geworden, das kannst Du Dir denken...» Das Meldungsbuch, das erhalten ist (WStLB 2864), datiert erst mit 7. Dezember 1852 und führt dann zusammenhängend bis 1857, also durch weitere neun Semester. Er belegt Vorlesungen aus Deutsch und Geschichte, ferner Kunstgeschichte, Geographie (mit Übungen für Lehramtsanwärter) und im letzten Semester auch «Geschichte der Tonkunst» bei Dr. Hanslick.

In diesem Jahr, 1857, schreibt er an Rauscher: «Jüngst war ich im Richard Wagnerschen Tannhäuser. – Mit vielen Vorurteilen, die mir ein halb Dutzend bekannter Wiener Musiker ins Ohr gesetzt haben, betrat ich das Parterre und – sieh da! es gefiel mir bald so wohl darin, daß es mir recht leid tat, daß die Oper nicht länger geraten war. Es ist eine Musik mit vielen schönen Bestrebungen; zwar weiß ich nicht, wie viel sie noch zu erreichen übrig läßt; aber ich glaube sagen zu dürfen, daß die deutsche Musik wird ähnliche Bahnen wandeln müssen, wenn sie überhaupt noch welche wandeln will» (FB). – Ein erstaunlich selbständiges Urteil aus dem Munde eines ehemaligen Schafhirten! Er war später durch zehn Jahre Musikkritiker und Mitarbeiter der Zeitschrift «Die Lyra».

Die Stimmung, die – nach der Niederschlagung der Revolution – in Österreich herrschte, spricht aus seiner Autobiographie: «Als Universitätsbesucher machte ich mir die Hörsäle des Theresianums zum Augenmerk. Denn Acht und Aberacht einer fluchwürdigen Erinnerung hatte die berühmte Aula mit dem Entsetzen der Geisterflucht erfüllt. Daher ihre Verödung. Nur die erhabenste Wissenschaft, die Sternkunde, behielt und bewahrte ihre alte Turmherberge, wie vergessen im Wirbel der ungestümen und feindseligen Tage. Um mich von dem unruhigen Mißbehagen zu befreien, das mir mein geringer Einblick in den unermeßlichen, ideenbevölkerten Lichtstaat einflößte, besuchte ich drei Jahre hindurch die Schule der Sterne. Das war für Gemüt und Geist eine Aufrichtung, ein immer wieder zu Herzen sprechender Trost.

Denn der geistige Gesichtskreis wurde dunkler und dumpfer unter dem starren Regierungsverstand des unheimlichen Grafen Thun» (des Ministers für Kultus und Unterricht). «Mitten unter den Gespenstern des allgefürchteten Rückschrittes bereitete ich mich auf eine Professur vor...»

Eben um diese Zeit (1854) stachelten einige seiner Gedichte «ein paar bekannte gallichte Federn zur krampfhaften Rührigkeit auf. Natürlich, es galt, ein auftauchendes Leben niederzustampfen.» Aber «zu meinen verehrtesten Gönnern gehörte gleichzeitig Ludwig August *Frankl*. Häufig und warm gedenke ich dieses Dichters und hebe in ihm insonderheit den Menschen hervor, einen Mann, allbekannt durch seine liebenswürdige, stete Hilfsbereitschaft, die er mit seltenem Starkmut rühmlich aufrechterhielt bis an sein spätes Ende.»

Harte Worte findet der Dichter über den Innenminister: «Bach war damals ein mächtiger Stein im Gebäude Österreichs, ein scharfer Jurist, allein leider nur ausgestattet mit dem schmalen Kanzleiblick eines Beamten ohne Instinkt, ohne die Fernschau eines Staatsmannes – zum unverscheuchbaren Unglück unseres Vaterlandes. Aus Mangel an Fähigkeiten wurden wir geschlagen am Ministertisch und auf dem Schlachtfelde. Die höchstgescheiten Leute, die den Staat gewissermaßen als ihr persönliches Gut und Eigentum betrachten, konnten sich nicht genug beeilen, die verwünschte studierende Jugend auf die ungarischen und lombardischen Ebenen zu schicken, um sie dort dem Fieber und den Bajonetten zur Weiterbesorgung zu übergeben...

Auf dem ganzen Festland machten sich die Regierungen kaum anders fühlbar als durch den häßlichen Schwarm der Jagd- und Spürhunde – bei Tag und in jeder Stunde der Nacht. Das ist nicht nur die verfehlteste, es ist die sündigste Politik.»

Das Einfallstor für diesen Wandel der Regierungsgesinnung nennt er in seinem berühmten Zigeuner-Vortrag beim Namen: «General Buonaparte führte eine neue Betriebsmacht in die Weltgeschichte ein, nämlich die vollendetste Verachtung der Götter und Menschen als Regierungsgrundsatz...»[29]

Und auch die Wesen nennt Fercher beim Namen, die nun an Stelle der Götter und der Menschen wirksam werden: der Brief ist an einen nicht genannten Herrn gerichtet und erzählt vom Gespräch mit einer Dame über das Revolutionsjahr 1848 (WStLB 38705). Fercher schreibt, er habe zuerst geglaubt, die Menschheit habe sich plötzlich gefunden; aber dann: dieser Umschlag! Ein Wort, aus niederen Schichten stammend, sei allgemein geworden: «Jeder Mensch – ein Lump!» 30000 anonyme Anzeigen seien damals bei der Wiener Polizei eingegangen, wobei Lüge, Rachsucht, Verleumdung Pate gestanden haben. Und er schreibt: «Das war nicht ‹der Tag des Herrn› – es war der Tag der höllischen Mephistis.»

Er beginnt nun doch, ernstlicher zu studieren, gibt bis 1855 Unterricht in vornehmen Familien, wirkt in der Redaktion einer Zeitschrift mit und wird später als freier Mitarbeiter regelmäßig schriftstellerisch tätig. Schon 1854 waren einige Gedichte gedruckt worden. Böck-Gnadenau schreibt über Fercher: «Nun trat eine große Pause ein, welche damals schon auf die zum Schweigen nach außenhin veranlagte Natur hinweisen dürfte, eine Eigenschaft, die sich mit der fortschreitenden Menschenkenntnis offenbar steigerte. Man kann leider nichts anderes tun, als die Tatsache bedauern. Angesichts der vorliegenden Proben eines überaus starken Geistes war man berechtigt, Größtes zu hoffen.»[30]

Heimat und Eltern hatte er verloren. Nun verzichtet er auf das dritte – auf den «gesicherten Beruf». «Nach langem, bangem Zweifeln über die Intensität seiner Begabung entschloß er sich, die schweren Pflichten eines freien Dichterlebens auf sich zu nehmen, schwer für den, der sich hoch und heilig hält wie Steinwand.»[31] Und tatsächlich: Am 7. Mai 1857 spricht Fercher plötzlich von einem Entschluß, den der nur fassen kann, der die Berufung dazu fühlt: «die ganze Geschichte der Menschheit und der Natur» umfassend darzustellen, und zwar in einem Epos von 200 Gesängen Umfang, wofür er sich (trotz seines elenden Zustandes nicht an den Tod denkend) 40 Jahre Zeit vornimmt.[32] Was er an Sternenkunde, an Natur- und Weltgeschichte erworben hatte, sollte nunmehr nicht einem äußeren Berufe, es sollte diesem großen Plane dienen.

Dasselbe, was Rudolf Steiner *wirklich* tat (die ganze Geschichte der Menschheit und der Natur in über 40jährigem Lebenswerke umfassend darzustellen), hat Fercher *angestrebt*. Daß es ihm, obwohl er noch über 40 Jahre lebte, nicht gelungen ist, was war wohl der Grund...?

Im Herbst 1858 reist er, von Gönnern unterstützt, nach Deutschland, um «das Land zu sehen und kennenzulernen, dem er seine Ideale verdankte» (Biographie 1859); er ist die meiste Zeit in *Dresden* geblieben, und dort hielt er am 4. April 1859 jenen Vortrag, auf den Rudolf Steiner dann so bedeutsam hingewiesen hat. Wir bringen im letzten Abschnitt einen kurzen Auszug und auch einige Angaben über die Persönlichkeiten, die zugehört oder zumindest Kenntnis davon erlangt haben müssen. Drei Tage darauf schreibt er aus Dresden an Rauscher:

«Liebster Freund!

Ich habe ein ganzes Buch im Umfang zweier Tragödien über die weltgeschichtliche Stellung der Zigeuner[33] geschrieben. Ich habe ein Zwanzigteil davon Montag, den 4. April, abends 6 Uhr, im hiesigen Altertumsverein vorgelesen. Seine königliche Hoheit, der Prinz Georg[34], welcher dem Vereine präsidiert, geruhten einige huldvolle Worte an mich zu richten. Meine ganze Situation war eine höchst eigentümliche, nicht ohne eine gewisse Abenteuerlichkeit. Denken Sie sich eine Versammlung von einhalb Dutzend ornamentierter Ministerexzellenzen und schimmernder Adjutantur, einen uniformierten Schweif von Offizieren höchsten Grades, darunter einen ehemaligen Alpenschäfer mit weißer Batisthalsbinde, der ein Mensch aus Kärnten ist und obendrein vom Großglockner, ein Mensch, der jedenfalls Gedanken bringt, und zwar eigene Gedanken; denken Sie, daß dieser Mensch und Alpenschäfer seine Gedanken dorthin bringt, wo man keine Gedanken wünscht – so werden Sie das Außerordentliche meiner Stellung begreifen.

Man lauschte mir mit Aufmerksamkeit, was in diesem Verein selten der Fall ist; Komplimente wurden mir gemacht, mein Stil ward beneidenswert gefunden, selbst von solchen, die selbst schriftstellerische Berühmtheiten sind. Doch Komplimente gehören zur Natur und Tagesordnung der Sachsen; *mein* Nutzen ist der, daß ich vieles an mir erprobt habe und daß ich ein Buch geschrieben habe, zu dem sich ein Verleger finden wird, und mit dem wäre sonach auch den Versen eine beiläufige Bahn gemacht.

Erfreuen Sie mich bald durch eine Antwort oder zu Ostern durch einen Besuch!                                                      Ihr Fercher.»

Auch was Fercher sonst in Deutschland erleben mußte, hat ihn tief enttäuscht. Zuerst hatte man den Österreichern (die, von jenseits des Erzgebirges kommend, nach Piemont marschierten) Gaben zugesteckt, um ihnen den Weg zum Schlachtfeld zu erleichtern; und jetzt, nach den Niederlagen vom Mai und Juni 1859 – dieser Umschwung der Gefühle: vom Schwarzwald bis zum Baltikum nur mehr vereinsamte Herzen, die Österreichs Waffen Gutes wünschen! Lüge, gewürzt mit Spott und eine wunderliche Unkenntnis unseres Landes und Volkes, dem noch «kein anderer Stamm Deutschlands die ehrenvolle Aufgabe streitig gemacht, mit Macht und Standfestigkeit die Alpenkette zu verteidigen. Demnach wird Österreich, trotz seines großen Unglücks, noch lange der zuverlässigste Wächter der süddeutschen Grenze bleiben.» Diese Enttäuschung und das Anwachsen des gemütlosen Materialismus bestimmten ihn, nach Wien zurückzukehren und sich in der Stille seinen Studien hinzugeben (Biographie 1859).

Nun folgen Jahre des Schweigens. Etwas wie ein lähmender Schatten liegt über seinem Wirken. Was ist geschehen? – Mir scheint, daß man des Dichters weiteres Leben nur verstehen kann, wenn man es nicht als ein «privates», sondern wenn man es im Zusammenhang mit jenen großen Ereignissen betrachtet, die damals in der geistigen Welt vorgegangen sind. Rudolf Steiner hat oft von dem Kampf gesprochen, der im Jahre 1842 begonnen hat und der im November 1879 damit endete, daß die «Geister der Finsternis», die bisher in höheren Welten wirkten, von den Geistern des Fortschrittes auf die Erde herabgestoßen wurden; hier haben sie nun in den Köpfen der Menschen, in deren Intellekt, ihre Festungen aufgeschlagen und inspirieren das bloße Stoffeswissen und eine nur auf Nutzen bedachte Technik.

Die *Mitte* dieses Kampfes fällt in das Jahr 1861, das Jahr, in dem Rudolf Steiner geboren wurde. Damals war Fercher 33 Jahre alt. Eineinhalb Jahre später schreibt er:

«Ist es nicht, als lebten wir inmitten eines großen Faschingsgetümmels... und unsere einzige Religion ließe sich in dem Satz zusammenfassen: Denke, wie du dir's bequem machst? Trostlose Sittenlehre, deren Wehmutter das beginnende Chaos ist, Chaos, hereinrollend auf Schienen und Maschinen, doch darum nicht weniger Chaos! Unglückliches Zeitalter, das jeden alten Schwerpunkt verloren und keinen neuen gefunden, du, ohne Wärme und Trieb, einen solchen zu finden. Zeitalter, in welchem nichts gefällt als das Zusammenhanglose, Mittelpunktfliehende, mit seinen Winkelgeburten und Wechselbälgen, mit seinem Geld aus Lumpen, seinen Gedanken aus Lumpen!»[35] Aber im selben Brief schreibt er auch: «Was mich in diesen unheimlichen Tagen vor dem Unglück bewahrt hat, an mir selbst eine Tragödie abzuspielen, das sind meine *Träume*. Ich sage nicht Ideale; das Wort ist durch vieles Zerren und Schleifen weit und unkleidsam geworden und drückt das keineswegs aus, was in meinem Geiste lebt. Ja, meine Träume! Das sind meine schirmenden Engel! Mag es um mein Haus toben und stürmen, immer wölben sie über mir ihren tröstenden Regenbogen; immer erscheinen sie wieder treu wie die Liebe, verschwiegen wie die Liebe, immer neu, immer in belebenden, ermunternden Gebilden und erschaffen vor meiner Seele aus Nichts eine große, weite, wohltuende Welt, eine Welt, welche mir alle andern Welten ersetzt, besonders die seelenlosen oder sich entseelenden... Vollends mag sie nur derjenige kennen, der nichts unter den geliebten Sternen sein eigen nennt als sie. Was wunder, wenn ich gelernt habe, mich ganz auf meine Träume zu stützen! – Ich lebe in einer großen Stadt; täglich wandern an mir die ‹Mikrokosmen› herdenweise vorüber...» Einsam steht Fercher da in der Mitte seines Lebens, wie ein ruhender Fels, zwischen diesen «zweibeinigen Weltkörperchen, an denen Schöpfungsgeschichte Schneider und Friseur den größten Anteil haben», einsam und kaum verstanden.[36] Er ist im 35. Lebensjahr.

# Perchtoldsdorf

Dr. Bötticher war verstorben. «Für eine langsame, niemals vollkommene Genesung wurde der Landaufenthalt geboten und Perchtoldsdorf, nicht weit von Wien, erkoren» (Autobiographie). Der ruhige Ort liegt nahe Brunn am Gebirge an den Ausläufern des Wiener Waldes. 1862 ist Fercher dorthin gezogen, hat in der Walzengasse 23, zumindest während der warmen Jahreszeit, gewohnt und war damit dem unmittelbaren Leben in der Großstadt entrückt. In diese übersiedelte er für ständig erst 1879, als seine Pflegemutter ernstlich erkrankte.

Eine Auslandsreise wurde erwogen (ob sie stattgefunden hat, ist unbekannt). In seinem Reisepaß vom 10. Februar 1864 steht: Reist von Wien in die deutschen Bundesstaaten; gültig ein Jahr zur Hin- und Rückreise. Statur groß, Gesicht länglich, Haare und Augen braun (WStLB 2868).

Zu Ostern 1852 war Fercher zu Tode krank gewesen. Nach 14 Jahren, am 3. April 1866 (Osterdienstag), berichtet er wieder von einer Krise: «...Ich speie noch immer Blut – nicht stark –, und zwar seit vier oder fünf Wochen. Ich bringe keinen Laut aus der Kehle...» Er dankt dann Egger für die übersandten Bücher, die er selbst nicht kaufen kann und für seine Pläne so dringlich braucht, und gibt dabei Einblick in seine Arbeitsweise: «Vor den Bibliotheken hab' ich eine Scheu, die an Krankheit grenzt. Ich kann in den großen Büchersälen nie zu mir selber kommen.» Noch mehr: «Ich weiß selten gut zu wählen, und was mir bisher eigentlich nützlich geworden ist, hat mir fast immer der Zufall in die Hand geweht.» Solche – scheinbaren – Zufälle zeigen nach Rudolf Steiner, daß eine gewisse Stufe in der Geistesschulung erreicht ist. Zettelkasten-Wissenschaft hingegen führt, wie Albert Steffen einmal sagt, zur Unfruchtbarkeit. Fercher fährt fort: «Langes Herumstöbern sollt' ich eigentlich vermeiden... Nichts, was poetisch ist, läßt sich eigentlich durch das Aufgebot einer Kraft oder durch Arbeitsfleiß ertrotzen. Ich habe bemerkt, daß auch die einfachste Zeile mit ihrem Reim, wenn sie leidlich Klang haben soll, wachsen und reifen müsse... Ich habe durch meine Krankheit wieder viel Zeit versäumt... Doch hab' ich diese Tage wieder am ‹Ahasver› etwas gemacht.» (Darauf kommen wir noch zurück.)

Sein Trauerspiel «Dankmar» ist in großen Zügen fertig. (Dankmar ist der Halbbruder Ottos des Großen; die Ehe Heinrichs des Finklers mit Dankmars Mutter ist – auf Betreiben ihrer Nebenbuhlerin – als ungültig und Dankmar selbst zum Bastard erklärt worden. Nun sucht dieser, sich im Recht fühlend, für seine Mutter die Witwenehre und für sich die Krone zu erringen. Fercher erfährt, daß Egger das Werk mit Hilfe des Schiller-Vereins drucken lassen will, und schreibt ihm (16. April 1866):

«Liebster, teuerster Freund! Ich erkenne... abermals Dein Herz, das nicht aufgehört hat, für mich zu schlagen», aber ich war «in der innersten Seele betroffen» ... Es wird «zunächst mein ganzes Gemüt in Rechnung gezogen werden müssen. Dieses sträubt sich mehr als grausam dagegen.» Freilich, der Verein hat «den Hauptzweck, den Schriftstellern zu helfen. Meinethalb! ... Allein Dich, bester Freund, warne ich! Hüte Dich, für einen Mann einzutreten, der ein Feind aller schriftstellerischen Bravouren ist... Seit ich denke, beseelt und lenkt mich nur eine einzige Begierde, nämlich die, etwas zu sagen, was einer ergreifenden Wahrheit gleichkommt. Die Aufgabe ist schwer genug. Ob mich jemand vernehme und wann mich jemand vernehmen werde, ist mir nach und nach ganz gleichgültig geworden. Ich überlaß' es getrost dem Zufall oder, richtiger gesagt, dem Schicksal. Für mich erscheint es als der höchste Gewinn, mit mir und meinen Gedanken im reinen zu sein...»

Fercher nähert sich der Mitte des Lebensjahrsiebents, in dem der Mensch mit sich selber ins reine kommen muß und einen neuen Durchbruch zum Weltgeist sucht. Er sendet Egger einen verbesserten Text; dieser bespricht ihn ausführlich und feinsinnig in der «Carinthia», und der Dichter dankt ihm am 14. Dezember 1866:

«...Mich freut es, daß du den König besonders hervorgehoben hast. Er ist wirklich die einzige Persönlichkeit des ganzen Stückes, die mich hie und da in einen pathologischen Zustand versetzte, und dieser ist gegenwärtig nicht aufgehoben. Von allen Universalhelden dieser Welt gefällt mir unser König und Kaiser Otto am besten, ich liebe ihn vom ganzen Herzen. Hier die Gründe dafür auseinanderzusetzen wäre zu weitläufig.»

Während manche versucht haben, Ferchers Schaffen aus seiner Umwelt zu erklären (aus den Kärntner Bergen, von denen er doch 50

Jahre getrennt war), lag beim «Dankmar» der andere Gedanke nahe: beim Titelhelden an des Dichters eigenes Schicksal zu denken – ein Fehler, der auch Egger unterlaufen ist. Denn Fercher schreibt weiter: «Die Bemerkung indes, daß in der Durchführung des Verhältnisses zwischen Mutter und Sohn mein Herzblut mit unterlaufen sein dürfte, mag ich nicht eigentlich bestätigen. Vielleicht ist es nicht zu glauben, wenn ich versichere, daß ich mich nur mit Überwindung großer seelischer Renitenzen [Widerstände] in diese Zustände hineindenken konnte. Es ist ein Irrtum, in meiner Natur Analogien dieser Art vorauszusetzen. Es gibt hier nichts, was mir sympathisch wäre. Ich bin nicht dafür erzogen, nicht unter jener ersprießlichen Ordnung oder Einrichtung aufgewachsen, die fast alle Menschen schätzen oder suchen. Ich hatte nie Eltern, wo ich der Eltern ganz eigentlich bedurft hätte. Meine Erziehung übernahm das Schicksal und nebstbei ich selbst, und ich werde wohl bis ans Ende meines Lebens ein Erziehungsknabe des Schicksals und mein eigener Hofmeister bleiben.»

Das Jahrsiebent der größten Einsamkeit und das Ringen um einen neuen Schicksalsbegriff hat begonnen. Fercher gewährt uns Einblick in die Art seines Schaffens: «Man kann durch eine lebendige Anregung von außen zu einer Arbeit bestimmt werden. Dieser Weg ist der kürzere und bei weitem weniger anstrengende. Es kam aber ein zweites tätiges Element hinzu, welches lebhaft mitfördert. Es gibt produktive Geister ersten Ranges, die der ‹Gelegenheit› fast alles verdanken. – Ich bin der Gelegenheit gar wenig schuldig, und ich beklage es als einen großen Nachteil. Man ist eben an Äußerungen nicht so reich, wenn einem dazu die Gelegenheit fehlt. Fast alle meine besseren Ideen und Pläne sind durch lange Jahre langsam in mir gewachsen, und die Geschichte der Zeit hat nur höchst allgemein dazugewirkt, um sie zur Reife zu bringen. Ebenso hat das, was mich bisher zunächst umgab, wenig bestimmenden Anteil an meinen inneren Vorgängen genommen.»

Nun erscheinen auch Kritiken in der Wiener Presse. Eine bemängelt das «falsche Pathos», das «vom Einfluß Hebbelscher Tragödien stammt». Darauf schreibt Fercher an Egger:[37] «Heiliger Gott! Was soll ich mit *Hebbel*? Ich kenne seine Stücke ja kaum!», und im selben Brief (im Hinblick auf die Literatur der letzten Jahrzehnte): «Was man gearbeitet hat, das hat man mit den niederen Kräften der Natur gearbeitet; die höheren Kräfte mitwirken zu lassen, das hielt man für überflüssig und gefährlich, und so trägt nun der ganze Schwarm dieses Geschlechts das Gepräge eines, wenn man will, eleganten Zynismus, und das nennen die Leute *Natur*. – Freilich, es ist *ihre* Natur, und diese Natur eben ist es, die uns an den Rand des Verderbens geführt hat. Aber die eigentliche Natur, die große, ernste, ... von welcher dieses Universum in alle Ewigkeit regiert wird, diese Natur läßt sich nimmer und nimmer betrügen, und weil sie in unserem quakenden Parteigetriebe kein Gehör mehr findet, so macht sie sich im Zorne geltend und sagt uns auf blutigen Schlachtfeldern, daß sie da ist und sich unter allen Umständen nicht vertreiben läßt... Diese Natur ist es, die ich suche, und es muß im ‹Dankmar› einiges davon zu spüren sein... Ich kapituliere nicht – oder es kapituliert für mich – ein vorzeitiger Tod... Wenn uns der löwenatmige Ernst der Geschichte noch einige Male blutig angehaucht haben wird, dann wird man plötzlich in meinen Versen Natur finden... Allein die blutige Lawine ist im Rollen, und hinter unserer gemütlichen Nichtsnutzigkeit wartet die Furie mit ihrer Peitsche.» Sind das nicht wahrhaft prophetische Worte, und dies in einer Zeit, da die Rassenlehre (Darwins Werk über die Entstehung der Arten war vor acht Jahren in England erschienen) und was aus ihr gefolgert wurde, erst in den Anfängen war?

Fercher schließt diese Stelle mit dem Satz: Ich «kann Dir nicht ausdrücklich genug danken, daß Du zu den ersten gehörst, die sich in meine Weise gefunden».

Sein «Dankmar» wurde sogar einmal (von Liebhabern auf einer Wiener Vorstadtbühne) aufgeführt; er wurde freundlich aufgenommen; der Generalintendant der Wiener Hoftheater (Friedrich Halm) nannte es das beste Stück des Jahres und schlug es zur Prämiierung vor; und der Reichsrat verlieh Fercher den Preis: 600 Gulden.

Halm, Mitglied des Herrenhauses und Erster Kustos der kaiserlichen Hofbibliothek, war selbst erfolgreicher Dramatiker. Fercher lernte ihn bald darauf kennen, war tief beglückt von diesem vornehmen Mann, den er nun besuchen durfte, sooft er wollte, und berichtet Schönstes von diesen Gesprächen (FW 3).

Leider ist Halm nicht lang darauf gestorben, und sein Nachfolger Laube hat den «Dankmar» abgelehnt; so kam er nie mehr auf eine Bühne. Erst nach Ferchers Tod erfahren wir, daß Halm sich angeschickt hatte, ihm die Pforten des Burgtheaters zu erschließen (FB, Nachruf, S. 254).

Die anderen drei Tragödien fand man erst in Ferchers Nachlaß (FW): «Ein Prometheus» (Trauerspiel um den Dichter Grabbe), 1855; «Der Thronwechsel» (Trauerspiel um Heinrich IV. und Heinrich V.), 1850; «Drahomira» (Trauerspiel um Otto den Großen und die Herzogin von Böhmen), 1848; ebenso die kritische Abhandlung über das Buch von Alfred Klaar, «Geschichte des Dramas» (1882).

Ferchers Dramen gelten heute als «gedanklich überlastet und nicht bühnenwirksam»; «seine Gestaltungskraft im lyrischen und epischen Ausdruck» hingegen wird ebenso gelobt wie seine «bilderreichen Verse», die «eine Fülle edelsten Gedankengutes in künstlerisch feinstgeschliffener Form» bringen (ÖBL).

Schon 1868 hat der bedeutende dramaturgische Schriftsteller Feodor *Wehl*, Hamburg, Ferchers «Dankmar» eingehend besprochen (Blätter für literarische Unterhaltung, Nr. 19): Er hat etwas von der Natur Shakespearescher Bastarde... Eine gute Exposition... In der psychologisch feinen Schlußszene offenbart sich der Dichter in der gloriosesten Weise. Aber das eigentlich dramatische Moment – die Mutter retten oder den Thron erringen – ist nur linkisch berührt und nicht straff durchgeführt.

Fercher dankt ihm erfreut für die Besprechung, und Wehl antwortet mit freundlicher Hochachtung: Ihre Arbeit «war mir in einem Haufen von poetischer Unfähigkeit ein Labsal durch Frische und eine gewisse Größe des Ausdrucks. Fahren Sie fort! Die Erfolge werden nicht fehlen...»(FB)

Die ersten dramatischen Erfolge in Graz (1850), die Pläne, die ganze Weltgeschichte dramatisch darzustellen, die letzten Gespräche mit Intendant Halm (1870) fallen in die Zeit zwischen Ferchers 21. und 42. Lebensjahr. Nachher hat er keine Dramen mehr geschrieben.

Die Freundschaft mit *Alois Egger* (an den die meisten der erhaltenen Briefe gerichtet sind) begleitete Fercher vom Untergymnasium an

41

durch das ganze Leben, und über *Josef Fachbach* (den späteren Herausgeber seines Nachlasses) schreibt er in der Autobiographie (1898): «In Perchtoldsdorf selbst traf ich mit meinem Jugendbegleiter und Studiengenossen wieder zusammen, mit Dr. Josef Fachbach Edlem von Lohnbach, dessen ununterbrochene, warme Anhänglichkeit einen weitaus glänzenderen Lohn verdient, als ihn ein Handhaber des Wortes bieten kann.»

Zu anderen trat Fercher erst nach der Lebensmitte in Beziehung; er setzt fort: Alsbald (frühestens 1867) «ward mir mit treuherzigstem Entgegenkommen der Zugang geöffnet zum hochberühmten Anatomen *Hyrtl*, Hofrat und vielgefeierten Professor, der sich im Herzen seiner Mitbürger eine unvertilgbare Dankbarkeit eroberte durch seinen erstaunlichen, beispiellosen Wohltätigkeitssinn. In seinem Hause wurden gehaltvolle Gespräche lebendig, Gespräche voll Beredsamkeit und Ungezwungenheit, die die Teilnehmer innerlich glücklich bereicherten. Für mich war es nicht schwer, zu entdecken, daß in ihm der geborene Lehrer den hochangesehenen Professor weit überwog, wie die Seele den Körper. Auch die Hand seiner ausgezeichneten Gemahlin ward mir zugewendet, einer Frau, hervorragend und gewinnend als solche und geschätzt als Verfasserin gemütreicher Gedichte.»

*Auguste Hyrtl* (geboren 1816 in Braunschweig, gestorben 1901 in Perchtoldsdorf) schrieb anspruchslose, aber lebenswarme Gedichte, ein aufschlußreiches Zeugnis damaligen Frauenlebens (ÖBL). Sie bittet ihn 1882, eine kleine Abhandlung über das Epos zu schreiben (FB). In der Freien deutschen Gesellschaft für Literatur «Iduna», die 1891 gegründet wurde, war sie die Veteranin und Fercher der Alterspräsident. Ihrer Freundin aber, der Baronin *Amalia Früh*, hat Fercher in stiller Verehrung einige Gedichte gewidmet (Wagner).

*Josef Hyrtl* (geboren 1810 in Eisenstadt, gestorben 1894 in Perchtoldsdorf) hatte Fercher «schätzen gelernt und ihm ein Dasein ermöglicht, in dem er ganz seinem Dichten, Denken und Sinnen leben konnte».[38] Seine Lehrbücher der Anatomie des Menschen (1846/47) wurden in fast alle lebenden Sprachen übersetzt; die «geistvolle Behandlung des an sich trockenen Gegenstandes versetzte alle Welt in Staunen» (ÖBL). Er verbesserte auch den technischen Teil seiner Wissenschaft außerordentlich: Seine mikroskopischen Injektionspräparate übertrafen an Schönheit alles in diesem Fach Geleistete (BK

14). Seine Inaugurationsrede als Rektor der Universität Wien, 1864, war eine «flammende Kampfansage gegen den Materialismus und erregte vielfach Widerspruch»; seine Festrede zu ihrer 500-Jahr-Feier, 1865, aber wurde geradezu «als eine Beleidigung des aufgeklärten Österreich aufgefaßt» (ÖBL); er hatte den kirchlichen Charakter der Hochschule gefeiert und die Herrschaft der Kirche über die Wissenschaft proklamiert.

Fercher hat mit seinem philologischen Wissen Hyrtl geholfen, seine Werke auszuarbeiten und die Druckbogen zu korrigieren (Wagner).

Die Begegnung der beiden Männer ist symptomatisch: Hyrtl lehrt einen modernen Gegenstand, dessen Pflege vor Jahrhunderten verboten war; er beobachtet mit den Sinnen ganz genau; doch das materielle Denken auf den Menschen anzuwenden, lehnt er ab. Darin berührt er sich mit Fercher.

Hyrtl greift zurück auf eine alte Wissenschaftsgesinnung, die dem Siegeszug des Stoffesdenkens nicht gewachsen ist. Fercher ist im Grunde religiös geblieben, trotz herber Kritik an manchen «Christen»; aber er sucht «den Geist in der Natur und das Innere des Menschen» auf einem neuen Weg, auf einem Weg, der dem Stoffesdenken widerstehen kann. Er bleibt damit zunächst allein.

Hyrtl setzte für Fercher ein jährliches Legat aus; er gründete ein bekanntes Waisenhaus und ein Kinderheim und lebte, emeritiert, ab 1874 in Perchtoldsdorf. Er war fast blind geworden.

Die Beziehung zu Hamerling, dem um zwei Jahre jüngeren angesehenen Dichter, der (laut Wagner) mit ihm zugleich in Wien studiert hatte, bereitete sich durch Jahre vor, bis sie zu einer für beide beglückenden Begegnung führte. Schon 1863 interessiert er sich für Fercher und die «Norische Dichterschule». Er schreibt an Rauscher (den Redakteur der «Carinthia»): «Bringen Sie nur recht viel von Fercher und von Pichler. Zwingen Sie diesen beiden Schweigsamen so viel als möglich ab. Ferchers Briefe (in denen er in offenbar wohlerwogener Form sein Tiefstes niederlegte) hat mir Pichler mitgeteilt. Wie soll ich Ihnen den Eindruck schildern? In der ersten Erregung wollte ich an Fercher schreiben» ... Ich sehe, «daß er meinen Namen kennt; was mag er aber von meinen Sachen gelesen haben, und was mag er darüber urteilen? Sein Urteil fürchte ich: Er ist, wie ich aus seinen fulminanten literarischen Bannsprüchen ersah, schwarzgallig, voll

Gigantengrolls und hat auch Ursach', aber große Geister, ich meine *schöpferische*, nicht *kritische* wie Lessing, zeigen sich am Ende doch immer am schwächsten dort, wo sie polemisieren...»

1866 hatte *Hamerling* mit dem Epos «Ahasver in Rom» durchschlagenden Erfolg. In leuchtender Farbenglut schildert er den Brand von Rom... Nero gerät, in irrer Flucht, schließlich unter betende Christen und hört die Liebesbotschaft:

> «Begreifst du», spricht der Priester, «daß sich hier
> Ein Port des Friedens und der Ruh' dir öffnet?» –
> «Nicht mir! Die neue Lehre wendet sich
> An schlichtere Gemüther als das meine.
> Ich beuge mich den neuen Göttern nicht,
> Nur weichen will ich ihnen...»

Und Nero reißt einem der Germanen, die da stehen, das Schwert von der Seite und entleibt sich. Da tritt Kain-Ahasver hinzu und sagt:

> «In deine Wälder wandr' ich, o Germane,
> Und wecke die Barbarenfürsten auf.
> Daß brausend sie mit ihrem Völkerzug
> Wie Geier sich aufs Aas des Weltreichs stürzen.
> Dann will zu euch ich, o ihr Männer, kommen,
> Und, müde von der langen Pilgerschaft,
> Will ich im Schatten eures Kreuzes mich
> Hinstrecken, nicht auf ewig auszuruhn, –
> Zu sanfter Rast ein wenig einzuschlummern.»

Hamerling bewundert zwar die Epen[39] seiner Zeitgenossen Jordan und Lingg, seines aber nennt er «ein wahrhaft modernes Gedicht» und zitiert von Prokesch-Osten: «Der Ahasver in Rom ist eine Perle der Literatur, aber eine Perle, die wie die Perle einer Muschel aus einer Krankheit hervorgegangen ist, aus dem Krankheitsprozeß der *Zeit*.» Sein Ahasver ist nicht der Schuster von Jerusalem, der Christus auf dem Weg nach Golgatha die Rast versagt vor seinem Haus. Es ist der *Kain*, so alt wie die Menschheit selber auf Erden...

Im Juni 1867 schickt Fercher zwei Gesänge, die wie eine Weiterführung dieses Epos wirken, handgeschrieben an eine Dame namens Laura und spricht in einem langen Vorwort von seinem Ringen um die epische Form (siehe den eigenen Abschnitt). Im ersten Band der Werke haben drei Gesänge diese Strophenform.

Auch Fercher versteht den Ahasver nicht völkisch; er ist der Geist der seelenlosen Härte, der durch das Tor des Hochmuts Zugang findet zu den Menschen. Verzichten wir jetzt auf die Schönheit und die Wucht der Verse, und zeigen wir nur den Gedankengang durch Ausschnitte:

> «Kyffhäuser Gäste»
> Die letzte Glut der Sonne war verglommen,
> Die Sterne traten aus dem kühlen Blau,
> Und Stern und Blume tauschten ihr Willkommen.
> Mit Geisterodem klang's von Gau zu Gau:
> Wer pilgert heute nach der «Goldnen Au»?
> Wer hilft allda der feuchten Nymphe weben
> Ein wandelbares Kleid aus losem Tau?
> Und es begann sich bald ein duftig Elfenleben
> Am Fuße des Kyffhäusers zu senken und zu heben.
> Wem nicht nach innen jetzt die Sinne schliefen,
> Der hörte Heroldsruf und Hörnerklang
> Und Stahlgeklirr in des Kyffhäusers Tiefen.
> Der sah, wie sich ein Blitz zur Höhe schwang,
> Der sah die Geister in den Lüften winken,
> Indes der Berg mit Zauberwehen rang,
> Der sah vor dessen Kamm die dunklen Felsen sinken,
> Altane leuchtend steigen und goldne Stühle blinken.

Und nun versammeln sich die großen Fürsten der Vergangenheit. Da tritt, von Eckwart (vom getreuen Eckart) hergebracht, ein Unbekannter in die Mitte, den er vom Hochgericht befreit hat. Er scheint ein Fremdling in diesem Kreis; doch er gibt sich zu erkennen:

> «Mein Tagwerk ist, die Geister zu empören,
> Wo Geist und Urteil stößt auf Gegenwehr;
> Mein Ziel ist, die Zerstörung zu zerstören,
> Ich wirk' und schaff' in sicherer Wiederkehr –
> Ich bin der deutsche Geist! – Nun denn, seht her,
> So hab' ich mich in Körper übertragen!»

Die Fürsten blicken unwirsch; doch der zweite Friedrich (der Staufer) bricht die Stille:

> «Ist, was er tut, durch *Liebe* nicht geweiht?
> Ist, was ihn leitet, nicht ein *großer Wille*?
> Ein *freier* Mann ist's und sein Herz gefeit,
> Gereift für jeden folgerechten Streit!»

Fercher meint hier und an anderen Stellen den wahren deutschen Geist, der zur Einigkeit ermahnt (und nicht den Widersacher, der Unfreie durch Haß zur Einheit zwingt). Fercher war «ein guter Deutscher, Österreicher und Kärntner», schrieb Rudolf Steiner schon 1916.[40]

Im zweiten Gesang, «Heimsuchung», ist der Dichter «in des Bedenkens Irrgewind geraten». Da erscheint ihm «der Geist der Rückschau» und führt ihn in der Herbstzeit von der Erde in die nächste, höhere Welt:

> So kam der Morgen, dessen Strahlentiefe
> Der *Waage* schönen Sternenkreis verschlingt.
> Als ob nach mir ein Klang des Himmels riefe,
> Der Mut und Blut verhängnisvoll durchdringt,
> Enteilt' ich meiner Hütte fluchtbeschwingt.
> Kaum hört' ich mehr des Landes Flüsse schäumen,
> Von Wald und Felsen fand ich mich umringt;
> Entgegen wuchs mein Herz den unbewohnten Räumen,
> «*Vollendung*», rief ich schmerzlich, «hier darf ich dich erträumen!»

Da erblickt er

> Des Weltapostels Bild, von Schwert und Buch begleitet,
> Wie wer zum tiefsten Wirken entschlußgewaltig schreitet.

Der Dichter klagt ihn leidenschaftlich an wegen der Fehler seiner Jünger. Doch jener spricht «dem Donner gleich, der durch die Wolken bricht»:

> «Auch du, mein Kind, die Beute der Verblendung?
> Verlangst, was Liebe nur erlangt, mit Groll?
> Du suchst verwirrten Augs das Antlitz der Vollendung,
> Hier neige dich betrachtend und achte meine Sendung!»

Und zeigt ihm in einem Spiegel Christi Antlitz. Aber noch einmal wallt es in dem Dichter auf:

> «Nicht *die* Vollendung, die der Wahn sich webt,
> Ich heische die, die mit den Menschen lebt!» –
> Als ob die Geister alle mich umschwirrten,
> In deren Mißklang dies Jahrtausend bebt,
> Entschickt' ich einen Schlag, daß rings die Wälder klirrten,
> Und Bild und Spiegels Trümmer dem Zauberbuch entirrten. –

> Da klang ein Tritt, so schwer wie Särge klingen,
> Ein Atem fing metallkalt an zu wehn,
> Dann trat ein Fremdling aus des Waldes Ringen;
> Der schien in Ahnung dessen, was geschehn,
> Sein greises Angesicht nach mir zu drehn.
> Sofort ermaß er meines Blickes Funken
> Und nahte, streitend zwischen Gehn und Stehn,
> Indes sein sternlos Aug', in Qualen eingesunken,
> Sich wandte wie vom Wirbel verborgner Welten trunken.

> Da bog er ab von den geraden Gleisen,
> Und so, nach mir gekehrt in schrägem Gang,
> Umschritt er mich in immer jüngern Kreisen,
> Da der Versuch, zu halten, stets mißlang.
> Wie da sein müdes Herz nach Odem rang!
> Ein Wehgeseufz', ein wildgehauchtes, teilte
> Des Bartes Nebel, der die Brust umschlang.
> Erschrocken fand mein Blick, der jetzt auf ihr verweilte,
> Daß hier kristallnen Rippen kristallnes Licht enteilte.

Der Fremde zeigt dem Dichter Gedanken an Mord und Tod und Weltvernichtung, die verschwiegen längst in ihm gekreist:

> Die Stimmen hört' ich unterster Äonen,
> In reichem Echo schrak mein Herz empor,
> Und Fernen sah ich über Fernen thronen,
> Und von verkannten Göttern sank der Flor,
> Indes ihr Wahnbild wimmernd sich verlor.

Mein Wesen glühte, sich an ihn zu ranken,
Der so mein Glück und Leid heraufbeschwor.
«O trüge mich dein Geist aus den verhaßten Schranken,
Zu tragen dein Verhängnis, nicht scheut' ich den Gedanken!»

Ich sah die fremden Himmel winken,
Nach deren Licht mein Herz verlangend schlug;
Umarmend schien der Greis auf mich zu sinken,
So wild und schwer wie Schneegestieb im Flug,
Mit all dem Schmerz, den seine Größe trug.
Noch einmal warnte mich die warme Seele
Vor dieses Bundes schrecklichem Vollzug.
Das wackre Blut erglomm, als hört' es Schlachtbefehle,
Schon lag mir auf der Schulter des Riesen breite Kehle!

Und neunmal schwang ich rückwärts meine Sohlen,
Indem ich rasch vom Fels ein Felsstück brach,
Umschweifte dann, zum Machtwurf auszuholen,
Gebückt den Feind, er schritt mir aufrecht nach,
So daß die Stirne meinem Ziel entsprach.
Ha, wie der Frost mich seiner Größe zückte,
Wenn so mein Glutblick auf sein Antlitz stach!
Bis ich den Arm mit Wucht dem Wind entgegendrückte,
Den Stein in stolzem Bogen ans Haupt des Gegners rückte.

Erschüttert hob der Umkreis an zu tosen,
Als stürzten Gletscher, angehaucht vom Föhn;
Ein Dampf durchströmte mich in grauen Rosen,
Durchzittert von entgeisterndem Gestöhn,
Und grüne Blitze warf er mit Gedröhn.
In weiter Schraubenwindung mich umschwallend,
Erklomm er knallschwer meines Hauptes Höhn,
Und, «Ahasver!!» erscholl's, an meine Sinne prallend,
Mit jedem Graun des Klangs in meiner Brust verhallend.

Geistgeschehen im 20. Jahrhundert – dichterisch geschaut!

Ein dritter Gesang, jedoch satirisch, führt uns durch ein Gelichter von Molochdienern, Kritikern und anderen Sumpfgespenstern: «Im Dunstkreis der Irrwische» (der Irrlichter). Schließlich gewinnt der Dichter freien Blick zum Himmel und sieht im Glanz des Sternenlichts die beiden, die er hoch verehrt: Dante und Homer.

«Willkommen, niebesiegte Zuversicht,
Mit der den Nächten, den jahrtausendalten,
Dein Bildnis unbemakelt sich entflicht!
Du kamst, dein Banner über mich zu halten,
Und sprichst: Laß ruhig meine Sonnen walten!
Wie furchtbar auch im unerhellten Schacht
Die menschlichen Geschicke sich verfalten:
Gesichert ist mein Reich, unsterblich meine Macht,
Und ich nur weiß zu sagen, dein Tag war schön vollbracht!»

So klang es dort, so wurde hier gelauscht,
So zwischen Herz und Licht, das aufgegangen,
Verständlich Gruß und Gegengruß getauscht.
Ich sah im Glanz die Häupter derer prangen,
Die Höllengraun und Hektors Adel sangen.

«Ihr zwei, gehüllt in leuchtendes Gewand,
Nicht sinnt und ringt nach Kränzen mein Verlangen;
Doch sprecht mit einem Strahl vor meines Sarges Rand:
Da liegt ein Staub verborgen, der unsern Hauch empfand!»

1867 schreibt Hamerling (der diesen Entwurf wohl gewiß nicht kannte) an Rauscher: «Jetzt zu Fercher, dem grollenden Titanen in Perchtoldsdorf, für den ich, wie Sie wissen, ein altes Faible habe, obgleich er sogar nach *meiner* Meinung das Privilegium des Genies und des Kärntners, wunderlich zu sein, beinahe mißbraucht. Daß er zum Beispiel mit seinen Schöpfungen so viele Jahre zurückhält und die Welt ihm nicht einmal gut genug ist, sie zum Piedestal seiner Größe zu machen, das ist Mißbrauch der poetischen Amtsgewalt.»

Und im selben Jahre wendet sich Friedrich Pichler (Dichter und Historiker in Graz) an Fercher: «Ihre Poesien liegen, aus Hamerlings Händen gekommen, längst wieder bei mir ... Ich habe nur Hamerlings heftigen Wunsch, Ihnen zuzurufen: Mehr! Mehr! ... Eine Million Verse! Schicken Sie ein ganzes Gestöber, das den Semmering weiß einhüllt! So will es Ahasver, der Mächtige.»

Erst 1873 lernen sie einander persönlich kennen, und Fercher schreibt: «Die Tage bei Hamerling zähl' ich zu den erquicklichsten. Die Stunden hatten nicht selten etwas Feierliches... Ich konnte mich nach vielen Jahren wieder einmal reichlich mit einem Manne unterhalten, der mich mit dem Eindruck einer tiefgebildeten Seele, mit der Wohltat eines aufgeklärten Verstandes erfreute.»

Zwei Jahre später schreibt Hamerling an eine Freundin über Fer-chers «Satirisches Gedicht»: «Ich bewundere die vielgeschmähte ‹Gräfin Seelenbrand› gerade darum so sehr, weil sie mir so ganz aus der tiefsten Seele geschrieben ist und ich sie doch nicht hätte schreiben können», und er widmet in den «Blättern im Winde» folgende Verse «An den Dichter der Gräfin Seelenbrand, Fercher von Steinwand»:

> Nicht schäme dich der dunklen Zorngewitter,
> Die durch die Seele dir zu prächtig rollen!
> Schlag keinen deiner Blitze selbst in Splitter,
> Und gönn es deinem Donnern, auszurollen!
>
> Beglückt, wer so aus einem Meer von Schmerzen
> Emportaucht, trotzend der Gemeinheit Pfeile,
> Schiffbrüchig, nackt, doch mit verjüngtem Herzen
> Und einem Bündel *solcher* Donnerkeile!

An den Kärntner Dichter *Friedrich Marx*, um dessen Freundschaft Fercher in so schöner Weise gebeten hatte, schrieb dieser: «Du bist der erste, der, ohne von mir auch nur im geringsten unterwiesen zu sein, mit gehörigem Nachdruck den Gedanken aussprach, daß man es in der ‹Gräfin Seelenbrand› nicht mit einem nennbaren weiblichen Individuum, sondern mit dem gemeinen, anmaßenden Materialismus zu tun hat, der nach dem innersten Gesetz der Poesie durch eine Person zu repräsentieren war» (11. Dezember 1874).

Als 21jähriger hatte er zu sich gefunden. Nun, doppelt so alt geworden, hat er seine Eigenform geprägt und spricht als freier Mensch zu Freien.

Von seinem 43. Geburtstag (1871) gibt es zwei Lichtbilder (ÖNB). Auf jedes schreibt er als Widmung den Anfang einer seiner «Kryptofloren» (der «verborgenen Blüten»):

Photographie vom 22. März 1871

Nicht einmal meinen Freunden will's zu Sinn,
Daß ich ein Mensch und keine Formel bin;
Indem ich jeder Formel widersage,
Vergebt, daß ich mir in der *Form* behage!

### Freiheit

Klar müssen zueinander die Gemüter
Und frei der Geist und die Gesinnung sein;
Dann schlaget furchtlos, schlaget jauchzend ein!
Ihr seid ein Flor, ein herrlich aufgeblühter,
Ihr dürft erglüht und werdet stets erglühter
zum ew'gen Bündnis eure Seele weihn.
Ihr seid die Satzung, wie sie Gott geschrieben,
Ihr treibt das Rad der Zeiten, ihr allein,
Und seid von keinem Rad der Zeit getrieben.
Ihr liebelt nicht, jedoch ihr wißt zu lieben,
Denn Glück und Freude sucht ihr im *Befrein*,
In Kräftigung der hohen Willensmächte
Und in Erschließung tiefer Seelenschächte.
Wie Sterne zieht ihr durch des Lebens Reihn,
Ihr stäubt kein Licht, um lichtlos zu verstieben –
Wo *ihr* nicht bleibt, ist euer *Geist* geblieben.

Fercher im 49. Lebensjahr

# Wieder in Wien

1879 stirbt seine Mutter, über 80jährig, in der fernen Heimat. Kurz danach erliegt seine Pflegemutter einem schweren Leiden. Er schreibt: «Es ist mir auch das Beste, was ich haben konnte, vergällt worden. Meine Sprache, sowohl die mündliche als die schriftliche, mußte stocken» (12. Juli 1880). Frau Bötticher hinterließ ihm ein halbes Haus und – eine erdrückende Last von Schulden; «dabei bin ich der geblieben, der ich immer war – ein armer Mann» (27. April 1881). Er muß nun das Haus in der Bognergasse verkaufen und wohnt dann 18 Jahre im 9. Bezirk, nahe dem Anatomischen Institut: Sensengasse 8 und (spätestens ab 1888) Währinger Straße 58 (Winkler; WStLB 29777). Von 1899 bis zu seinem Tod wohnt er beim Sophiensaal (3. Bezirk, Blattgasse 11).

Es wird immer stiller um den Dichter. Wohl erscheinen 1881 seine «Deutschen Klänge aus Österreich»; doch war ein Teil dieser Gedichte schon bekannt; so wurden sie wenig beachtet. Und jahrelang ist völliges Schweigen.

An seinem 60. Geburtstag (am 22. März 1888) schreibt Fercher an Egger: «Um die *wahrhaften* Umgestaltungen inne zu werden, bedarf es wahrscheinlich des umfassendsten Ernstes, und ich fürchte, es erfordert in uns die größten Erschütterungen der Seele, um dahin zu gelangen.» Der Brief schließt mit den eigenartigen Worten: «Bis zum Aufgang eines *anderen* Morgensternes, der alles besser beleuchtet.»

Im April bringt die «Deutsche Wochenschrift» (die in Wien und Berlin erscheint) einen Bericht von Franz Christel über die Geburtstagsfeier und eine Besprechung Rudolf Steiners von Hamerlings «Homunkulus».

Seit Anfang 1888 hatte jedes Heft einen Beitrag Steiners enthalten;[41] er hatte – unerwartet – die Redaktion übernommen. Nun strebte er, Fercher persönlich kennenzulernen. Einige seiner Gedichte kannte er schon; sie hatten ihm tiefen Eindruck gemacht. Fritz Lemmermayer, die Seele eines Kreises junger Dichter, vermittelt, und der angebliche «Sonderling» erweist sich als geistvoll-gesprächig, ja, es zeigt sich, daß er eigentlich der «Allerjüngste» ist in diesem Kreis, den er nun oft besucht.[42]

In den allgemeinen Ideen klingen die beiden voll zusammen – der greise Fercher und der um 33 Jahre jüngere Steiner –, wenn dieser in jenen Beiträgen etwa schreibt:

Ein Deutscher ist man nicht durch die Geburt; das Besondere des Deutschen ist, daß er den Geist in sein *Ich* aufnehmen kann. – Erziehung ist eine Kunst; Erlässe machen den schlechten Lehrer nicht besser und hindern den guten. – Das Barometer des Fortschrittes in der Entwicklung der Menschheit ist die Auffassung, die man von der Freiheit hat; Pseudo-Liberalismus führt zum Kampf aller gegen alle.

Diese Gedanken Steiners finden sich im Keim auch bei Fercher, namentlich in dem Vortrag, den er vor 29 Jahren in Sachsen gehalten hat. Das Besondere aber ist, wie der Geist im *einzelnen* Menschen lebt: «Eine wahre Lichtgestalt», so schildert Steiner den Kärntner Dichter, «durch Abgeklärtheit und Besonnenheit hindurch wirkte im Greise noch wie mit Jugendfrische diese Seele», und er spricht von seinem «Sinnen, das ganz als dichterische Bilderwelt schon in der Seele geboren wird; das mit dieser Bilderwelt in Daseinstiefen weist; das Weltenrätseln sich künstlerisch gegenüberstellt, ohne daß die Ursprünglichkeit des Kunstschaffens sich in Gedankendichtung verblaßt».[43] «Es war mir ohne weiteres klar, daß dieser Mann noch viel Bedeutenderes geschaffen haben müsse, als er veröffentlicht hatte, und ich fragte ihn kühnlich danach», und Fercher brachte ihm zu seiner großen Freude zwei Chöre, die er schon lange im Pult liegen hatte.[44]

Am 20. Juli erschien der «Chor der Urtriebe» im Druck – es war die letzte Gelegenheit –, dann wurde die Zeitschrift eingestellt... Diese Fassung des Chores war wesentlich kürzer als die später bekannt gewordene. Eine noch kürzere war am 27. März 1875 im «Wiener Salonblatt» erschienen mit einem Leitwort aus dem Jahre 1867. Man sieht, wie lange der Dichter an einem Werk gearbeitet hat. – Wie er die Chöre als alter Mann selber vortrug, schildert Franz Christel in seinem Nachruf:

«Weil du nie um Mitleid betteltest, hielten sie dich für reich und beneideten dich; weil du dich nie um die Gunst des blinden Zufalls bewarbst, achteten sie deiner nicht oder belächelten und verspotteten dich gar. So standest du, ein Einsamer, im Heiligtum deiner keuschen Muse, so warst du ein Fremdling in deinem Vaterland. Darum trugst du die Miene der Entsagung zur Schau, darum sahen wir dich immer mit streng geschlossenem Munde, mit nach innen gekehrtem Blick

Photographie vom 6. Dezember 1884

deines großen dunklen Auges einherschreiten. Und wenn deine Lippen sich öffneten, so tönte deine zündende, grollende oder zürnende Rede, deine Freude oder deine Klage, wie die Stimme aus einer anderen Welt. Da erklang dein erhabenes zweiteiliges Lied von der Schöpfung: ‹Chor der Urträume› und ‹Chor der Urtriebe›; da gab uns dein ‹Geisterzögling›, der mit Dantescher Kühnheit in den Kreis der Unsterblichen eingedrungen war, tiefsinnige Kunde über des Menschen Seele; da verdolmetschtest du uns die Sprache der Gestirne, die du zu Vertrauten deiner Abgeschiedenheit erwählt. Aber schweifte deine Phantasie noch so gern in die Ferne – dein Herz blieb immer doch auch deinem Volke nah» (FB).

Gleich nach der Einstellung der Wochenschrift bittet Steiner seine Freunde Lemmermayer, Christel und Mertens, «gemeinschaftlich zum Rendezvous mit Fercher abzumarschieren», und fährt dann auf einige Wochen nach Weimar (wegen seiner späteren Mitarbeit im Goethe-Archiv.)[45]. Im Herbst dürften die Gespräche weitergeführt worden sein. Ob Fercher freilich den Vortrag hörte, den Steiner im Goethe-Verein hielt, ist unbekannt («Goethe als Vater einer neuen Ästhetik», 8. November 1888).

Steiner grenzt in dem Vortrag – dem ersten von rund 6000, die er gehalten hat –, die beiden Wege ab: Der Wissenschaftler sucht nach dem Allgemeinen, nach den *Ideen*, die unsichtbar in der Sinneswelt wirken. Der Künstler aber stellt nicht (wie man damals glaubte) «Ideen» dar, sondern *Sinnenfälliges*, aber so gestaltet, daß die Idee geradezu sichtbar wird.[46]

Fercher ist Dichter geblieben, auch dort, wo er Themen wählt, die Steiner dann geisteswissenschaftlich behandelt. Er will weiter dichten, erlebt jedoch wieder eine sehr schwere Erschütterung: Er erkrankt um Neujahr abermals. Freunde bringen ihn schließlich Ende Februar aus seiner Junggesellenwohnung ins Rudolfspital am Rennweg, wo er, «auf das aufmerksamste behandelt», vier Monate lang in einem Einzelzimmer liegt. Am 7. März 1889 schreibt er: «Alles trieb einer Katastrophe zu!... Es stellt sich heraus, daß meine Krankheit eine ganz andere ist, als ich mir im blassesten Traum hätte einfallen lassen. Ich leide an einer Anschwellung des Herzens, Hypertrophia cordis, wie sie's nennen. Ich bin zur peinlichsten Ruhe verurteilt. Irgendwelche raschere Bewegung hat Schmerzen und Ohnmacht im Gefolge.»

Am 31. März 1890 weist R. Steiner in den «Nationalen Blättern» auf Fercher hin, der «gewiß noch Schätze in seinem Schreibpult» hat, aber «bei der Verwahrlosung unserer literarischen Verhältnisse auf kein Verständnis hoffen» kann. Er bezeichnet ihn als einen «der begabtesten und eigenartigsten deutschen Dichter, der sein Leben lang unbeachtet geblieben ist, weil er sich die Freundschaft der Soldschreiber nicht zu gewinnen wußte». Er schreibt: «Fercher ist eine deutsche Individualität. In ihm erscheint das Volkstum zur wahrhaft künstlerischen Geistigkeit verklärt. In seinen ‹Deutschen Klängen› sind Gedichte zu finden, die unbedingt zu den schönsten der deutschen Literatur zählen. Tiefe des Gefühls und geistige Höhe der Anschauung vereinigen sich hier mit einer bewunderungswürdigen Handhabung der Form. Dabei spricht uns namentlich der hohe germanische Ernst dieser Schöpfungen an. Oft erhebt sich Fercher zu einer Höhe, die wir nur in Schillers ‹Spaziergang›[47] oder Goethes ‹Weltseele›[48] wiederfinden, wie zum Beispiel in dem erwähnten ‹Chor der Urtriebe›.»[49]

Am 20. August 1890, ein Jahr nachdem Fercher eine gewisse Besserung fühlt, schreibt er an Rauscher: «Es hat lange gedauert, bis ich meines Lebens wieder sicher geworden bin. In der Tat, durch einige Wochen stand der Tod vor meinem Lager, und wie oft hab' ich's seither im stillen beklagt, daß er meine Hand nicht stärker angefaßt und mich mit sich genommen hat.»

Er steht nun im 63. Lebensjahr. Sieben Jahre später kommt es noch schlimmer: Am 4. August 1897 schreibt er an Hans und Elise Inglsperger, die lieb um ihn besorgt sind: «Ein böser Geist, den ich zunächst Nervenschlag nannte, ist über mich gekommen. Ich ward urplötzlich der Sprache und Bewegung beraubt. Ohr und Auge waren mir für mehrere Tage gewaltsam geschlossen. Das ist mir geschehen an einem sehr heitern und gesunden Morgen, allein, im geschlossenen Zimmer stehend bei Tische. Das Augenlicht ist noch keineswegs hergestellt, und die Besserung schreitet äußerst langsam vor, eine Arbeit, ein ernstes Denken ist unmöglich. Rette Gott mich endlich aus dieser betrüblichen Lage!»

Die erste Erkrankung war ein Typhus, die zweite traf sein Herz, die dritte seine Sinne.

«Was hat der Mensch gelitten!» rief eine alte Frau im Mölltal immer wieder, wenn sie ihren Kindern aus seinen Werken vorlas; ihr Vater – Josef Guggenberger aus Stall – hatte den greisen Dichter noch in Wien besucht und ihn mit Geld unterstützt. In der Tat: Böck-Gnadenau berichtet 1897, daß in einer der größten Leihbüchereien Wiens die Werke Ferchers nicht vorhanden sind; daß die Buchhändler der Residenzstadt nicht einmal seinen Namen kannten! Dabei wohnte der Dichter seit 1879 ständig in Wien...

In diese trostlos scheinende Lage kommt plötzlich eine Wendung: Die Briefe Hamerlings (der 1889 gestorben ist) erscheinen im Druck, in denen der angesehene Dichter immer wieder von Fercher spricht. Man wird aufmerksam, beginnt sich zu besinnen. 1898 erscheint ein Band Gedichte im Druck, «Johannisfeuer», als viertes Werk in Ferchers langem Leben. Am 13. März findet eine Fercherfeier statt. Über 300 Glückwunschschreiben kommen zum 70. Geburtstag, Bürgermeister Dr. Lueger gratuliert, und am 22. März schreibt Peter Rosegger aus Graz (WStLB 2856):

«Sehr geehrter Herr!

Meine Irrfahrten nach Nord-West verursachen das Zuspätkommen. Aber es ist immer früh genug mit einem treuen Gruße, maßen es ja das Schicksal so vieler deutscher Poeten ist, inkognito durch ein ganzes Leben zu gehen, um erst erkannt zu werden, wenn sie müd und erdensatt an den Stufen der Unsterblichkeit zusammenbrechen.

Ein Vierteljahrhundert ist fast vorbei, seit Robert Hamerling, Ihr großer Bewunderer, mir die ‹Gräfin Seelenbrand› in die Hände gab. Bis ein weiteres Vierteljahrhundert vorüber ist, wird vielleicht dieser Seelenbrand in weiten Landen noch heller leuchten als heute. Ich denke, Sie warten darauf, weil es ja noch mit hundert Jahren früh genug ist, sich zur Ruhe zu legen und sich gründlich auszuschlafen für einen neuen großen Tag, an dem die Rosen und der Lorbeer keine Dornen mehr haben werden.

Es grüßt Sie, verehrter Jubilar, von Herzen,      Ihr Peter Rosegger»

Wie recht sollte er behalten!

Zur Jahrhundertwende – endlich, endlich – *bittet* man Fercher um Dichtungen. Der Literarische Leiter des Daberkow-Verlages, Böck-Gnadenau, wünscht außerdem «Erinnerungen»: «Schreiben Sie Wahrheit und Dichtung; aber Wahrheit sei nur der Inhalt, Dichtung die Form» (WStLB).

Mit größter Anstrengung müht sich Fercher wenigstens um die Reinschrift seiner «Kryptofloren» (eines poetischen Spruch- und Tagebuches). Es ist erst im Nachlaß erschienen. «Ein großangelegtes Epos mußt' ich unter der erlahmten Hand liegen lassen... Das Gedicht heißt ‹Der Geisterzögling› und bewegt sich nur in der vorgestellten unendlichen Welt» (Brief vom 14. Juli 1900).

Er braucht dringend Erholung. Auf Vermittlung Egger von Möllwalds erhält er von der Deutschen Schillerstiftung eine Ehrengabe. Am 9. Juli 1901 kommt er – nach einem halben Jahrhundert zum erstenmal – wieder nach Kärnten. Sein Landsmann Franz Steiner, der als Heereszahlmeister in Wien lebt, hat ihm eine Badekur in Lainach bei Stall ermöglicht; er trägt den kaum mehr des Gehens Mächtigen auf den Händen vom Wagen ins «Heubad» (A. Resinger).[50] Schon am 18. Juli sendet der Dichter aus Heiligenblut «den strahlendsten Glocknergruß» und dankt am 30. Juli seinem hilfreichen Freund:

«Es ist kaum möglich, meinen Dank an Dich so vielfach zu wiederholen, als ich Dir schuldig bin. Deine liebenswürdige Sorgfalt für mich muß ich als beispiellos ansehen. Darin hast Du sicherlich kein Muster als Dich selbst. Sei herzlich geküßt! – Dem Bade habe ich eine kleine Pause gesetzt. Ich fühle selbst, daß es mich angriff. Aber meine Lage im ganzen ist wohltuend. Sei herzlich umarmt! Dein Fercher.»

Er kehrt nach Wien zurück. Am 18. November stirbt seine Gönnerin, Auguste Hyrtl.

Am 26. November wird «Herr Johann Kleinfercher, genannt Fercher von Steinwand, ... in den Heimatverband der Gemeinde Wien aufgenommen» (WStLB). In Österreich wurde – bis 1938 – ein Mittelloser nicht vom Staate unterstützt, sondern von seiner Heimatgemeinde; und Fercher gehörte immer noch zu Stall im Mölltal.

Am 7. März 1902, in den keimenden Frühling hinein, ist er in Wien gestorben. Sein letztes Wort an den treu besorgten Landsmann war die Frage, ob sie wohl auch in diesem Jahr wieder in die Heimat fahren.

Die Stadt Wien gab ihm ein Ehrengrab auf dem Zentralfriedhof, die Deutsch-österreichische Schriftstellergenossenschaft und mehrere Spender sorgten für ein großes Denkmal aus weißem Carraramarmor.[51] Unter dem eindrucksvollen Porträt – gemeißelt vom Kärntner Bildhauer Kassin – stehen seine Worte:

Das Jenseits ruf' ich aus den Grüften,
Gestaltend setz' ich's in die Zeit,
Umhauch' das Diesseits mit den Lüften
Der webenden Unendlichkeit.

Gewiß: Nach *außen* hatte Fercher wenig Erfolg; aber nach *innen*?
Mit 70 Jahren schreibt er: «Die mögliche wahrheitsgemäße Lebensgeschichte eines Dichters ist wesentlich eine innerliche. Am ein-
leuchtendsten und gründlichsten wird sie kennengelernt aus dem
Briefwechsel, den er mit befreundeten und teilnehmenden Seelen geführt hat oder aus dem Tagebuch, das von ihm hergestellt worden ist
mit Ausdauer und Selbstüberwachung, das heißt ohne widerliche
Selbstbespiegelung oder auch wohl aus der mündlichen Überliefe-
rung einzelner Mitlebenden, denen der liebe Gott ein Urteil beschie-
den hat. Romanhafte Seitensprünge, packende Katastrophen wird
man in meinen Verhältnissen vergeblich suchen; Empfindsamkeiten,
gefühlfälschende Taschenspielereien mir nicht zumuten dürfen.»[52]
Berichte von Zeitgenossen gibt es, und von seinen Briefen hauptsächlich die an seinen Jugendfreund und Lebensbegleiter Alois Egger.
Ob er ein Tagebuch geführt hat, ist unbekannt. Die meisten Briefe,
die an ihn gerichtet waren, hat er später selbst vernichtet (Wagner).
Er fährt fort:
«An den verhängnisvollen *Leiden der Jugend*» (und wohl auch
durch sein ganzes Leben) «führen mich drei herbe Schutzengel vorüber: die Nötigung des Tages, der Unstern der Krankheit und das
schlaflose Bedürfnis des Lernens. Allenthalben habe ich mir zur Aufgabe gemacht, *zu reifen*, das ist, ein Mensch zu sein oder ein Mensch
zu werden.»[53] Einzig auf den Erfolg in *diesem* Streben dürfen wir bei
Fercher sehen.
Ist es nicht im Geiste der «Philosophie der Freiheit» (in der Rudolf
Steiner das Menschwerden für den jetzigen Zeitpunkt der Gedanken-
entwicklung geschildert hat), wenn Fercher schreibt:
«Alles Begriffene erscheint uns liebenswert, weil wir es durch unsere edelste Bemühung, durch das *Denken*, zu unserem Eigentum
umgeschaffen haben?» Oder im Sinne des Überganges von der
Selbst- zur Geisterkenntnis: «Erkenne dich selbst! Damit erkennst
du auch Gott; denn er ist unabweisbar dein vertrautester Insaß» (geschrieben 1900). Im Hinblick auf den Ungeist im letzten halben Jahr-

Fercher im 72. Lebensjahr

hundert aber schreibt er am 25. Mai 1900 an Egger: «Zugegeben, man hätte mir nicht ohne Grund Begabung zugemutet, so ist dabei doch die Hauptsache gänzlich übersehen worden – die Änderung der Zeit, der Umschwung des Zeitgeistes! Rasch war mit den neuen Strömungen der Boden für die edlere oder ideenreichere Entfaltung entzogen. Ich glaubte mich lahmgelegt, bevor ich poetisch gehen konnte.» Ist es Zufall, daß er, 72 Jahre alt (das «finstere Zeitalter» war eben abgelaufen und das lichte hatte begonnen), ein Gedicht schrieb: «Sonnenwiederkehr», in dem die Verse stehen: «Wer Natur und Geist verscheuchte, immer war's die Frömmlerzunft – o ersetz durch deine Leuchte die entwandernde Vernunft . . . ?»

So sehen wir des Dichters Leben, sein Leben mit dem wahren Geist der Zeit, in seinem Werk gespiegelt.

«Es ist immer eine Erquickung, bei einem bedeutenden Menschen einzukehren. Und scheiden wir, vielleicht mehr durch unsere Schuld, gleichwohl nur halbbefriedigt von ihm, wir scheiden niemals ohne mächtigeren Trost.» Die Abhandlung über *Dante Alighieri* (FW), die mit diesen Worten beginnt, will hinführen zu Dantes eigenständigem Genie und gibt zugleich manchen Einblick in Ferchers Seele – in sein Erkenntnisringen, in die Wärme seines Herzempfindens.

Einige Stellen aus dieser Schrift, die er vielleicht 1865 verfaßt, aber erst 1875 im «Wiener Salonblatt» veröffentlicht hat und die (laut Winkler) berechtigtes Aufsehen machte:

«Hier erweist sich jeder gute Rat als unzulänglich. Denn dieser ist gewöhnlich mehr bezeichnend für den, der ihn gibt; als passend für den, der ihn empfängt... Selbst die Bücher aller Religionen dürften uns allgemach im Stiche lassen; sie fordern zunächst den Glauben; doch der Glaube ist ein unverlässiger Freund, wenn wir die Pfade des Wissens wandern.»

«Wir beschäftigen uns so viel, so innig mit dem Studium der Natur – warum nicht ebenso herzlich mit dem Verständnis der großen Naturen?»

«Schlosser in Heidelberg hat sozusagen mit Dante gelebt, er hat sich angemessen über ihn ausgesprochen. Andere haben Dante studiert und denselben wie eine studierte Sache erklärt. An Hilfsmitteln ist also kein Mangel. Diese Zeilen indes setzen sich den besonderen Zweck, zur Lektüre Dantes zu ermuntern...» Dantes gelehrte Verehrer «versichern fast einstimmig, es sei ungemein schwierig, den florentinischen Dichter zu lesen und zu verstehen. Vor allem ist es diese Ansicht, die ich niemals geteilt habe.

Meint man, wenn man von Schwierigkeiten spricht, das Eigenartige, das Selbständige und Entschlossene. das uns anfänglich an jedem Wort des Genies befremdlich entgegentritt, so ist nichts weiter einzuwenden. Denn Dante ist wirklich der eigentümlichste Dichter, und wir haben bisweilen Grund, betroffen zu sein. Und es ist nur allzuwahr, kein Kunstwerk erschließt uns in wenigen Augenblicken seine Tiefen. – Das aber wäre wohl sicherlich der allerelendste Dichter, den wir beim halben Schlummer unserer Verstandeskräfte abfertigen könnten... Man benütze die kürzesten Erklärungen und meide solche, die den Dichter geheimnisvoller machen, als er ist. Denn alles, was schön, groß und tiefsinnig ist, sagt uns der Dichter selbst am deutlichsten in seinen Versen. Wir dürfen indes die Beziehung von Noten nicht unbequem finden» (also von Fußnoten und Anmerkungen).

«Wenn ein protestantischer Leser auf dem Weg durchs Purgatorio bisweilen in Verlegenheit kommt – wer möchte ihn nicht entschuldigen?... Aber daß auch einem Katholiken bei der Wanderung durch die drei Reiche bedenklich zu Mute werden kann, ist mir stets unbegreiflich erschienen. Dante ist das unsterbliche Muster eines Katholiken. Er wagt sich zuweilen scharf an die Grenzen seiner Religion vor, doch er überschreitet dieselben nie. Kaum jemals ist größere Strenge gegen sich geübt, kaum jemals ein erkorener Stoff mit größerer Gewissenhaftigkeit behandelt worden.

Dante ist die Wahrheitsliebe selbst.

Seinen Versen dürfen wir die vollste Kraft authentischer Beweise zugestehen... Wollte Gott, die gekrönten Häupter und großen Herren hätten immer im Sinne Dantes in diesem Gebäude [der «göttlichen Komödie»] gehaust! Man würde erstaunen, wie wenig Sterbliche gerechte Ursache gefunden hätten, gegen den Katholizismus als solchen zu protestieren!»

«Wir sehen keine kirchliche Handlung, zu welcher Dantes Religionsdienst sich fremdartig verhielte... Vergebens würde ein Katholik, der niemals imstande war, die Hauptlehren seines Glaubens mit dem Gemüte zu ergreifen... in den kirchlichen Äußerlichkeiten den Schlüssel zur Danteschen Theologie suchen. Bei Dante steuert alles unerbittlich auf das Wesen los, sogar der Schein.

Wer niemals bei einer heiligen Geschichte Tränen vergossen; wer niemals im Herzen freudig aufgejauchzt bei den Worten: ‹Gott ist die reinste Liebe›; wer es niemals auf gefährlichen Wegen durchbetrachtet hat, daß die höchste Liebe zugleich die höchste Gerechtigkeit ist: der, sei er Priester oder Laie, sei er ein gelehrter oder nichtgelehrter Mann, der verzichte schweigend auf die Dantesche Theologie, aber auch auf jede Theologie der Welt!»

Dante seufzt nicht unter den Fesseln von Religion und unfruchtbarer Gelehrsamkeit. «Jeder von den Lesern, welchem Religionsbekenntnisse er auch angehöre, wird gerne zugeben, daß ihrerzeit die römisch-christliche Kirche mit ihrem Papst an der Spitze eine überwältigende Erscheinung war, die schwerlich ihresgleichen in der Geschichte findet...», aber Dante «behandelte seinen Gegenstand in der Tat als Stoff, und zwar so, wie vollendete Künstler es pflegen. Er wagt es, seine eigene Person oder, wenn man will, eine alldurchdringende Menschennatur zum Kern seines Stoffes zu machen, und versäumt doch niemals, über jeden Vers, den er erschafft, ein überlegenes Urteil wachsen zu lassen.»

«Dante war vermutlich so gelehrt wie die Gelehrtesten seiner Zeit; ... er macht in seinem Gedichte den verwegensten Gebrauch von seinem Wissen. Darin aber zeigt sich der Dichter im vollsten Glanze seiner Vornehmheit, daß es ihn niemals anwandelt, mit seinem Wissen zu glänzen... Mit Freuden erkennen wir's zuletzt an, daß der Dichter allenthalben größer ist als sein großer Gegenstand.» Das römisch-deutsche Kaisertum (dem Dante gehuldigt hat) «ist unsern Geschichtsschreibern zu groß», vielleicht «weil es so wenig im rohen, selbstsüchtigen Geiste der Ludwige und Napoleone regiert wurde».

Fercher schließt: Wer den Dichter verstanden, «er hat in Gemüt und Geist Unendliches gewonnen. Er wird ihn vernehmen und beherzigen, den inhaltsschweren Zuruf, der aus der ganzen Lebensgeschichte des Meisters herübertönt: du, o freundlicher Leser, wer du auch seist, ob du breite Goldstücke wägst, ob du schmale Fluren behaust, du bist niemals besser aufgehoben, als wenn du dich verlässest *auf dich selbst!* Dein bester Freund ist deine sittliche Stärke, deine richtige Politik ist das Bemühen, vor Gott und der Welt ein ganzer Mensch zu sein!»

Vom Kleinsten bis ins Größte, immer wieder leuchtet durch sein Werk der Mensch, den das idealische Streben über die bloße Natur erhebt: «Was ist Natur ohne Bewußtsein und Seele? Was ist Kunst und Dichtung ohne die außerordentliche Macht des Gedankens, ohne die höchste Kraft und Weisheit des Gemütes? Ist die sogenannte Natur auch nur imstande, sich selbst einen Namen zu geben? Wie erschütternd arm es um sie bestellt ist – wer es in einem wahrhaften Unglück, in einem echten Schmerze durchempfunden, der weiß es! Ja, sie gibt uns vollständig auf und mit einer gräßlichen Teilnahmslosigkeit! Reich wird sie erst durch den Geist, der sie entsprechend, also richtig deutet; durch unser Herz, das ihre veränderlichen Formen mit einer reinen Stimmung beseelt», so schrieb er im Nachruf für Gottfried Keller am 20. Juli 1890[55]. Oder: «Wer für das Schöne kein liebendes Auge hat, wer die Gebrechen der Menschen nicht entschuldigend anzusehen vermag, wer nicht fähig ist, mit Frauen in den Grenzen des reinen Gemütes zu verkehren, der tilgt das Siegel Gottes aus seiner Seele und schmuggelt sich als verlarvtes Tier unter Menschen.»[56]

Von der heilenden Kraft wahrer Erkenntnis sagt er: «Bewußtsein ist Wesen, das Wissen ein stetes Genesen» und über die Krönung des menschlichen Entwicklungsweges: «Ihr denkt, daß es dort noch ein Christentum gibt, wo man nicht liebt?» Über den Dichter und Denker schreibt er: «Zu sagen, wie er denkt und liebt, das ist des Dichters Glück; was ihm das Leben verworren gibt, das gibt er ihm klar zurück.»

Für Fercher ist der wahre Mensch ein schöpferisches Wesen, berufen, über die Natur hinauszuwachsen; und die Natur ist ihm – wie für Dante – ein göttlich-geistiges Wesen. Am 11. April 1875 schreibt er über seine «Kosmogenischen Gedanken»: «Mein Held sucht Gott und Geist in der ganzen Schöpfung, das heißt gerade in jenem Teil der Schöpfung, den unsere moderne Wissenschaft für mechanisch erklärt. Der ‹Chor der Urtriebe› gibt allerdings eine Idee davon, ist aber ein ganz selbständiges Gedicht, das unter anderen Chören seinen Platz finden wird.»[56]

# Ferchers Ringen um die poetische Form

Wenn man Verse – durch den Endreim – paarweise zusammenfaßt, entstehen zwanglos Strophen mit gerader Zeilenzahl. Vom Vierzeiler des Volksliedes bis zur kunstvollen Stanze mit acht Zeilen, der «Oktave», gibt es eine Fülle von Beispielen; auch sechs- und zwölfzeilige Strophen kommen vor.

Doch wenn die Reime noch so kunstvoll verschränkt werden, ist eine gewisse Eintönigkeit schwer zu vermeiden. Goethe und Schiller zum Beispiel haben daher nicht selten eine fünfte, siebente oder neunte Zeile – gereimt oder ungereimt – hinzugefügt und so die vier-, sechs- oder achtzeilige Stanze erweitert, meist ohne den Rhythmus des Verses wesentlich zu ändern.

Eine der kunstvollsten und feierlichsten Strophenformen aber schuf Edmund Spenser (1552–1599), der bedeutendste Dichter der englischen Renaissance neben Shakespeare: eine verschobene Oktave, die er durch eine neunte Zeile – gereimt, jedoch mit anderem Rhythmus – abschließt. Er wählt für diese Zeile den «Alexandriner», einen Vers mit sechs betonten Silben. Das Schema für seine Reime lautet: abab bcbc c. In solchen Stanzen schrieb dann Lord Byron (1812) «Childe Harold's pilgrimage», mit dem er berühmt wurde.

Im deutschen Sprachgebiet ist Fercher der erste (und wohl auch einzige), der diese Strophenform aufgreift und noch weiterbildet. Er reimt die Zeilen in gleicher Art, bringt aber die achte und die neunte in neuen Rhythmen: Den ersten sieben Zeilen, die in fünffüßigen Jamben stehen, fügt er einen Alexandriner an und schließt mit einem «Nibelungenvers».

Dadurch ist deutlich eine «Stanze» geschaffen, das heißt ein «Haltepunkt» am Ende jeder Strophe, der einer langen Dichtung wohltuend Gliederung verleiht. Diese Strophe sei «Ferchersche None» genannt.

Die Kunst des Reimens haben die Troubadours von den Arabern gebracht – den fünffüßigen Jambus, von Howard, Milton, Shakespeare hochentwickelt, hat Lessing in die deutsche Dichtung eingeführt – der Alexandriner kommt aus Frankreich, und der Nibelungenvers aus Deutschland; und Fercher gelingt es, diese Elemente geradezu kosmopolitisch aufzugreifen und zu einem Ganzen zu verschmelzen. Im 25 Seiten langen Vorwort[57] zu seinen Gesängen von 1867 schreibt er an eine «gnädige Frau» namens Laura:

«... Die Strophe, die ich gewählt habe, ist die majestätische, reimschwere Spenser-Strophe. Sie ist zunächst hergenommen aus dem Byronschen Ritter Harold. Sie wird allerdings unter meinen Händen nicht so schön geraten wie unter den Händen des britischen Dichters. Dieser gibt der Strophe in den glanzvollen Partien seines Gedichtes überall einen fortreißenden lyrischen Schwung. Das möcht' ich im epischen Interesse nicht thun, wenn ich es auch im Stande wäre. Ich habe jedoch schon seit langer Zeit bemerkt, daß die Strophen überhaupt in einem langathmigen Gedichte nach und nach eintönig wirken. Ein Beispiel davon liefert die berühmte Stanze. Wenn ich dreißig bis vierzig Stanzen, deutsche Stanzen, und wären es auch sehr gute, ohne Unterbrechung gelesen habe, so vernehm' ich bereits hölzernes Geklapper mitlaufen. Bei der Nibelungenstrophe ist es in mancher Beziehung noch bedeutend schlimmer, obgleich mir der Vers an und für sich sehr gefällt. Nun ist die Spenser-Strophe allerdings rhythmisch um vieles reicher als die (deutsche) Stanze und minder in die Ohren klatschend als die Cäsuren und Reime der Nibelungenstrophe. Dennoch quält mich die Furcht vor der einschleichenden Monotonie. Ich habe also die letzten zwei Zeilen der gewählten Spenser-Strophe rhythmisch ausgiebiger gestaltet. Den vorletzten Vers hab' ich in einen Alexandriner umgewandelt, dem Schlußvers aber hab' ich das Schema eines Nibelungenverses zu Grunde gelegt, nach der Glättung Uhlands (die ich im allgemeinen nicht billige). Ob ich durch dieses Vorgehen mich nicht eines großen Mißgriffs schuldig gemacht und die Strophe eher verunstaltet, als reicher gestaltet habe, weiß ich nicht genau. Zuweilen sagt mir ein froher ästhetischer Pulsschlag, daß ich nicht schlecht gethan habe. Denn mich dünkt, es gebe gerade der letzte Vers der ganzen Strophe einen reinen epischen Nachhall. Gewagt hab' ich's, ich ändere nichts mehr.

Nun leben Sie wohl! Wie herzlich ich wünsche, daß Sie Ihren Namenstag fröhlich verleben, kann ich Ihnen nicht genug sagen. Sie haben hiermit die kleinen Anfänge einer großen Arbeit in der Hand, und wenn ich mich dereinst hinsetze, um den letzten Vers niederzuschreiben, da bin ich sicherlich bereits ein gedrücktes, runzlichstes, eisgraues Männchen und Sie eben auch kein junges, lebensmutiges

Frauchen mehr. Vielleicht bin ich für immer heimgegangen, ehe der letzte Vers geschrieben worden. Dann senden Sie mir wohl eine Thräne nach; denn nicht nur das Werk, auch der Dichter wäre Bruchstück geblieben. Und das ist das Wahrscheinlichste. Denn mir fehlt zu viel, zu viel an fördernden Lebensbedingungen. Es läßt sich in meiner Lage, was man auch Günstiges davon voraussetzen mag, gar zu selten jene Gemütsruhe bewahren, mit welcher man ein groß Ausgedachtes fröhlich und glücklich ausführt. Indes zunächst ist es doch ersonnen und durchgedacht, und auch das ist etwas und nicht so ganz eine Kleinigkeit. Zum mindesten erlangen wir dadurch das Recht, mit dem letzten Seufzer, den wir thun, uns selbst zu sagen: Wir haben nicht vollständig kopflos gelebt wie Millionen andere! Perchtoldsdorf, 17. Juni 1867. Ihr Fercher»

Eine andere Abhandlung findet sich ohne Datum:[58] «Über das Epos und über epische Dichtung»; sie könnte in dieser Form auf eine Anregung von Auguste Hyrtl zurückgehen, die diese 1882 ausgesprochen hat (FB).

«... Wer nicht stark und beweglich in der Verwendung des Wortes ist, der hat wenig oder gar keinen Beruf zum epischen Dichter... [Dieser nämlich] redet nirgends über sich selbst... Er vermeidet es mit Sorgfalt, sich und seine Verhältnisse in die Phantasie des Lesers einzuschmuggeln... Er vergegenwärtigt uns durchaus die poetische Objektivität... Am wenigsten hat es der Epiker zu vergessen, daß Menschen und Dinge Schatten sind; er allein schwebt darüber als Schöpfer, Beseeler und Bildner. Er erzählt uns einflußreiche Handlungen von Personen, die entweder durch ihre sittliche oder geistige Größe oder durch ihre Stellung und Lebenslage für viele Menschen bedeutsam und bestimmend sind; oder auch, er schildert Vorgänge und Geschehnisse, die in jedem Jahrhundert und unter allen verwandten Himmelsstrichen durch die Wichtigkeit der Teilnahme der menschlichen Herzen aufzuregen vermögen... [Beim Epos] insbesondere bringt sich das *waltende Verhängnis* zum Ausdruck..., das gemeinsame Schicksal vieler Sterblichen, welches der einzelne gewöhnlich gar nicht oder nur untergeordnetermaßen mitverschuldet hat. Hier zeigt sich in gewaltigen Zügen, daß die Herde büßen muß, wo der Hirte gesündigt hat, daß ganze Völker beweinen müssen, was die Führer verwirrt und verdorben haben...» Aber dann schildert

Fercher, wie verschieden die Epen sind, je nach dem Charakter ihres Dichters; die Wege, die dieser einschlägt, sind «noch mehr durch den Unterschied der Zeiten und Völker bedingt...».

*Homer* bezaubert durch die «griechische Wohlredenheit», die wie ein flutendes Licht die Schritte seiner Helden begleitet; aber «sein Jupiter ist ohne Frage der gefahrloseste Großredner», und auch bei den wackersten Kämpen stimmen Wort und Tat nicht überein.

Im «Nibelungenlied» hingegen herrscht eine erschreckende Einfachheit der Sprache; denn es schildert Männer der Tat, «die nur mit Widerwillen den Mund öffnen», und Frauen «wandeln mit entsetzlicher Folgerichtigkeit ihre Wege». Graf Rüdiger aber überwiegt an echter menschlicher Schönheit alle ähnlichen Helden Homers unendlich. – Nach der Besprechung Ariosts fährt er nun fort:

«Völlig für sich scheint *Dante* zu stehen. Man sollte meinen, er versündige sich gegen das Hauptgesetz des epischen Schaffens; er spricht nämlich immer *von sich*. Man entdeckt indes leicht, daß solches nicht in subjektiver Weise geschieht; im Gegenteil, er hat sich, wie man sagt, objektiviert, das heißt, er hat sich selbst zu seinem Gegenstand gemacht, er selbst ist der Held...» Seine «Betrachtungen sind keineswegs ein Versinken in Erwägungen, ein Umherschweben in wesenlosen Höhen und Weiten, ein Tappen in Begriffen; sie sind nicht sinnend, sie sind schauend...».

«Diese Bilder stehen jederzeit in sinnreicher Beziehung zu dem innerlichsten Fortschritt des Helden, das heißt zu seiner Annäherung an das Höhere und Höchste ... Ein Dichtwerk mit solch einem gesicherten Abschluß hat es niemals gegeben. In seiner tiefsinnigen Zusammensetzung, in seiner undurchbrechbaren Einheit und Geschlossenheit liegt eine Zauberkraft, die weltbekannt ist. Diese erklärt sich nur daraus, daß man fühlt, der Dichter sei eins mit seinem Werke...»

Wir können die Frage stellen: Woher kommt bei Dante die Wurzel dieses Gedankens, daß das «Ich sich objektiviert» und damit schauend wird für eine objektive, geistige Welt? Und die zweite Frage: Woher kommt es, daß Fercher gerade dieses Motiv als wesentlich hervorhebt? Haben beide Individualitäten eine gemeinsame Quelle?

Auffallend ist, daß bei Fercher selbst ein ähnliches Motiv anklingt in dem Gedicht «Das Stelldichein»; es ist zehn Seiten lang und steht in der Ausgabe seiner Werke unmittelbar nach dem furchtbaren

Ahasver-Erlebnis. Es schildert die Begegnung seines höheren reinen «Ich» mit dem als weiblich erlebten Geistesboten. Es beginnt:

Als ich durch Schwermut war im Geist verdüstert
Und krankend schwankte zwischen hier und dort,
Als mir bereits sein erstes Losungswort
Der Genius des Grabes zugeflüstert –
War's Glück, Verhängnis, war es Gnadenstrahl,
War's Zug des Lebens, war es Seelenwahl:
Es trat ein milder Geist in meine Bahn,
So leicht wie Duft auf lenzgeschmücktem Plan.

Sein Angesicht verriet ein tiefes Leben,
Ein Triumphieren über Tod und Grab.
Und seiner Hand entglitt ein goldner Stab,
den ihm, so schien's, ein ferner Gott gegeben,
Als er ihn hold als Boten ließ entschweben.
Wie taute mir ans Haupt des Wallers Kuß!
Wie fühlt' ich wärmend mir zu Herzen streben,
Ach, seines Grußes zärtlichen Erguß!

Er öffnete die lilienweißen Arme,
Und Blumen gleich, die frisch im Felde sprießen
Und in der Frühlingssonne sich erschließen,
Und nahm an seine Brust mich, seine warme,
Mit meinen Schmerzen, meinem Seelenharme.
Und als mein reines Schauen trat aus sich,
Da nahm es niemand wahr im Kreis als mich;
Ich durfte mir's in Sinn und Seele lesen,
Daß ich dem Geist, der mich umgeben, glich.
Ich aber fühlte froh mich und genesen.

Daß Ferchers Epen nur zum kleinen Teil Gestalt gewonnen haben, erklärt er einmal selbst: «Ich habe mit meinen Gedanken und Vorstellungen jahrelang gekämpft, um dafür eine Form zu finden, das heißt, um sie verständlich zu machen, ohne sie ihrer ursprünglichen poetischen Intuition zu entfremden» (11. April 1875; bei Winkler). Fercher hat gewiß viel studiert, aber er ist nicht Schriftgelehrter, nicht Philosoph; er ist eben ein Weiser, «der seine Weisheit in echter Dichtung offenbart».[59]

Welche *Form*, so müssen wir fragen, hat er für jene Epen gefunden, die von der Entwicklung des Menschen und der Welt berichten? Dante schrieb sein Weltgedicht in dreizeiligen Strophen, in den typisch italienischen *Terzinen*: Zwei Verse, die sich reimen, umfassen einen dritten wie eine Schale den Keim. Auf diesen reimen sich die umfassenden Verse der nächsten Strophe und bergen den Keim für die dritte und so fort. Der Keim jeder Strophe wird zur Schale, die den Keim der jeweils nächsten birgt.

Es ist dies eine besonders geeignete Form um eine *Entwicklung* zu schildern. Erst am Ende des ganzen Gesanges steht jeweils eine einzelne Zeile, die auf die zweite Zeile der letzten Strophe reimt (Schema aba bcb cdc ded... Abschluß: xyz yzyz). (Goethe hat diese Form gewählt «Bei der Betrachtung von Schillers Schädel»: Im ernsten Beinhaus war's...)

Nun hat Fercher auch diese Strophenform weiterentwickelt und episch angewendet; man kann sie die «Ferchersche Septime» nennen. Diese Strophe gleicht auf den ersten Blick den letzten sieben Zeilen eines Terzinen-Gedichtes; doch hängen diese Zeilen enger zusammen, finden aber in der nächsten Strophe keinen Reim; auch ist die jeweils letzte (siebente) Zeile ein Alexandriner, also um eine Hebung länger. Nach diesen sieben Zeilen folgt eine Pause, ein Pralaya; dann schreitet die Entwicklung fort.

Genauer besehen haben die Strophen folgenden Aufbau: ababcbC. Die mittlere Zeile b steht zwischen zwei Terzinen und ist der «Keim» für die ganze Septime: aba b cbC. b ist aber auch der Keim für die erste und für die zweite Terzine (aba b cbC). Die zweite, vierte und sechste Zeile sind also näher verwandt und sind die Keime, die von den vier Zeilen eingehüllt werden. In dieser Strophenform schildert Fercher im Epos «Der Geisterzögling» den Aufstieg in die höhere Welt (wir kommen darauf noch zurück) und «Die ganze Geschichte der Menschheit und der Natur?», ein Epos, das auf 200 Gesänge geplant war und von dem nur zwei geschrieben oder erhalten sind. Der erste heißt «Die Reise ins Chaos» und beginnt:

| | |
|---|---|
| Verwundet von des Lebens tausend Speeren, | a |
| Verraten von den Göttern meiner Brust, | b |
| Beschloß ich, von der Welt mich abzukehren. | a |
| Obgleich ich meines Rechts mir war bewußt | b |
| Und meiner Kraft, mir blieb ein hohes Ahnen, | c |

So riß doch der Entsagung kranke Lust                          b
Mit bittrer Allgewalt mich von den breiten Bahnen.         C

   So bog ich einwärts denn mit halbem Zagen         d
   Dort, wo des Isels Höh' ein winklig Tor              e
   Zum Glocknertal urprächtig aufgeschlagen.         d
   Der Trupp, mit dem ich pilgerte zuvor,               e
   Er rief: Kehr um! zum Wink ein Banner neigend,    f
   Nach dem auch Kluge gläubig sahn empor;           e
   Doch nach dem Hintergrund der Berge wies ich     F
   schweigend

Der Dichter wählt hier die Landschaft seiner engeren Heimat als Bild für seinen Erkenntnisweg: Der Isel-Paß (nicht zu verwechseln mit dem Berg Isel bei Innsbruck) führt als Pforte vom viel befahrenen Drautal in das engere der Möll. Dort, wo diese sich scharf nach Osten wendet (in Winklern), folgen die Pilger dem bequemeren Weg – flußabwärts. Er aber strebt, vom Winken der «Klugen» unbeirrt, möllaufwärts hin zum höchsten Berg – zum Glockner!

Ein Beispiel aus dem «Sinnheim»:

   «Es führt der Schein uns durch des Wechsels Pein,
   Ich blieb ein Ich, weil ich ein Ich gewesen,
   Aus jeder Wandlung glüht dasselbe Sein –»
   Aus trübem Ich zum reinen Ich genesen!
   So ward im Umkreis jetzt ein Echo laut,
   Und horch! Aus einer Sprache war's erlesen,
   Der Plato, der Hellene, sein Denken angetraut.

   Ich hob das Haupt, bedürftig klarer Schau,
   Doch ich erschrak, ergriffen und geblendet –
   Ein frisches Weltall! Welch ein Wunderbau!
   Wie viel des Zaubers war hier aufgewendet,
   Des Märchenschmuckes, o wie viel benützt!
   Wie viel erhabnen Wollens rings verspendet –
   Und läßt er sich ergründen, der Arm, der alles stützt?

Den Chor, in dem Fercher den Anfang der Schöpfung schildert, kann man als Drei- oder als Sechszeiler lesen nach dem Schema: a b, c b, a b. Der Dichter zieht in der Handschrift den Mittelteil zusammen und erhält den Fünfzeiler: a b B a b.

In beiden Schöpfungschören («Chor der Urträume» und «Chor der Urtriebe») sind die Rhythmen fallend (Daktylen $-\cup\cup$ und Trochäen $-\cup$). In den zukunftsweisenden Epen sind sie steigend (jambisch $\cup-$): die Nonen («Kyffhäuser-Gäste», «Heimsuchung», «Im Dunstkreis der Irrwische»), die Fünffüßler («Das Stelldichein») und die Septimen («Die Reise ins Chaos», «Die Wiedergeburt», «Der Geisterzögling» mit «Sinnheim» und «Wahnheim»).

«Das Verhängnis» aber bildet eine Mitte; es steht im Amphibrachus ($\cup-\cup$).

Was die Länge der Strophen betrifft, fällt auf, daß Fercher für seine großen epischen Entwürfe nicht die längst bekannten mit vier, acht oder sechs Zeilen wählte, sondern solche mit fünf, sieben oder neun Zeilen – Quinten, Septimen oder Nonen. Eine merkwürdige Parallele zeigt sich in der Baukunst: vier-, sechs- oder achtteilige Rosetten finden sich in der Gotik und Romanik überaus häufig; fünf-, sieben- oder neunteilige sind – zumindest über Hauptportalen – außerordentlich selten. Diese Zahlen finden wir stilgestaltend im Aufbau der Mysteriendramen Rudolf Steiners und im ersten Goetheanum, das für sie geschaffen wurde. R. Steiner verwendet in Dramen- und Spruchdichtung meist steigende Rhythmen, eine freie Zeilenzahl, und vermeidet fast völlig den Reim. Seine «Zwölf Stimmungen» aber sind streng in siebenzeilige Strophen gegliedert, und nicht nur diese kosmischen Stimmungen, sondern auch ihr Gegenbild: eine Satire auf die Auswüchse bei manchen «Geistsuchern».[60] Und bei Fercher finden wir, mitten in die Epen eingestreut, viel Satirisches in würdevollen Strophen.

(Eine «Satire», lateinisch «Obstschale», ist ein heiteres Allerlei, das gerne den Widerspruch von Wirklichkeit und Ideal zeigt; nicht zu verwechseln mit dem «Satyrspiel» der Griechen, dem ausgelassenen Treiben gewisser Naturdämonen.)

# Die kosmischen Chöre

Als Rudolf Steiner, «in tiefster Seele ergriffen von dem Zauber dieser Persönlichkeit», Fercher näher kennenlernte und ihn um weitere Dichtungen fragte, sprach dieser fast scheu von einigen «kosmischen Sachen», die er zu Hause habe, und brachte dann den «Chor der Urtriebe» und den «Chor der Urträume» mit, «Dichtungen, in denen in schwungvollen Rhythmen Empfindungen leben, die an die Schöpferkräfte der Welt heranzudringen scheinen. Da weben wie wesenhaft Ideen in herrlichem Wohlklang, die als Bilder der Weltkeimeskräfte wirken.»[61]

Im Nachlaß Ferchers fanden sich «Als Einleitung zu Chören» noch das Gedicht «Das Verhängnis» und folgende Erklärung, geschrieben am 18. April 1891 (also kurz nach Beendigung seines neunten Lebensjahrsiebents). «‹Das Verhängnis› soll zunächst einen Hinweis enthalten auf die auftauchenden Gestalten der Vergangenheit. Es werden Personen herankommen, die merkwürdige Abschnitte der menschlichen Geschichte vertreten. Sie tragen selbst ihr Tun und Wirken vor, und zwar in Chören, und offenbaren durch ihre Irrtümer, ihre Leidenschaften und die Verderben ihres Übermutes, daß eigentlich sie selbst es sind, welche dem, was wir Verhängnis nennen und was wir fürchten, Leben und Wesenhaftigkeit geben. – Der *erste Chor* führt das Walten der Ideen vor. Das sind in der Tat seiende das ist lebende Wesen oder Geister; allein, weil sie ohne irdische Beimischung sind, so hat unsere menschliche Vorstellungsgabe keine Ahnung von ihrer Gestalt. Dagegen lebt in ihnen selbst, wie in allem Geistigen, die Sehnsucht oder der Wille, Umriß und Körper anzunehmen, und sie betreten nacheinander unsre Welt, kleiden sich in unsern Stoff und mit diesem leider auch in unsre Mängel und Gebrechen. Damit werden auch sie Mitschöpfer des Verhängnisses und dieser rätselhaften Macht untertan – gerade so wie wenn eine reine Seele auf schmutzige Pfade gerät und unter den widerwärtigen Hindernissen hindurchwaten muß. – Der *zweite Chor* schildert ihren ersten Eintritt in das Dasein, das heißt, sie erschaffen als Urtriebe unsre Welt, wie sie leibt und lebt usw.»[62]

Diese drei kosmischen Dichtungen wurden dann von Marie Steiner und später vom Sprechchor am Goetheanum wiederholt aufgeführt. Veröffentlicht sind sie in den «Werken»; dann 1916 (auszugsweise mit Erläuterungen) bei Rudolf Steiner (Vom Menschenrätsel), 1928 durch C. S. Picht (Stuttgart/Den Haag/London) und (vollständig, mit einem Nachwort) durch H. O. Proskauer (Basel 1985). So brauchen sie hier nicht wiederholt zu werden. Nun fand sich in der Nationalbibliothek (ÖNB 9606) noch eine, vermutlich frühere Fassung des einen Chores. Es ist eine sehr sorgfältige Reinschrift mit 28 Strophen, bei der der Dichter nur im Titel das Wort «Träume» ausgebessert hat in «Schöpfungsträume». Ein Vergleich mit der schon veröffentlichten Gestalt, dem «Chor der Urträume», läßt uns – fast scheu – einen Einblick tun in des Dichters Werkstatt. Von den 39 Strophen der bekannten Fassung finden sich nämlich nur zwei (24 und 25) auch in dieser Handschrift; zwanzig weitere sind mehr oder weniger verändert; sechs aus der handschriftlichen Fassung aber wurden durch 17 neue ersetzt.

Wesentlich ist noch ein anderes: Die Reihenfolge der Strophen ist zum Teil völlig verändert (siehe die beigefügten Nummern).

Wenn Götter sinnen, ein Weltall zu schaffen, so strömen ihre Schöpfungsträume von allen Seiten zusammen. Ein strenges «Nacheinander», eine «logische Reihenfolge» kennt nur der Mensch; kennt erst – der Philosoph des Abendlandes.


## CHOR DER [TRÄUME] SCHÖPFUNGSTRÄUME

Dämpft euch, ihr thürmenden           15*
Erstlingsgewalten!
Flammende Riesen, wir wollen gestalten,
Laßt die bestürmenden
Schleudern erkalten!

Konnten die lastenden           16
Wolken zerwallen,
Ströme! was säumt ihr, melodisch zu fallen,
Schön um die rastenden
Gluten zu schwallen?

* Nummer der entsprechenden Strophe im «Chor der Urträume»

Duftig geschwungene,
Himmlischer Schleier
Schwellen wir, köstlichen Lebens Verleiher:
Athmet, umschlungene
Schöpfungen, freier!

Ihr, im geketteten
Dulden und Hoffen,
Edle Gewalten, von rauhen betroffen,
Kommt, die geretteten
Himmel sind offen!

Jeder entbundene
Flügel der Lüfte
Bringt euch von uns durch die Wolken und Grüfte
Lieblich empfundene,
Gastliche Düfte.

Wählt euch zur feurigen
Flucht ein Gefieder!
Steigend im Trieb der entlasteten Glieder
Trefft ihr den eurigen
Trefflichen wieder.

Sterne, die mahnende
Winke vertauschen,
Glücklicher Welten versöhnendes Rauschen
Könnte der ahnende
Busen belauschen.

Allen erstiegenen
Räumen entflogen,
Wandelt ein Äther in dämmernden Bogen,
Gehn in verschwiegenen
Tiefen die Wogen.

Dort auf verwegenen,
Schwingenden Pfaden
Fahren euch wiegende Fähren in Schwaden
Nach den entlegenen
Wundergestaden.

Rosig erklommene
Gipfel entragen
Horchend den Nebeln und Adler entjagen,
Um das vernommene
Sehnen zu tragen.

20

Wer sich entmachtete
Tiefer im Schimmer,
Sähe die Sonne der Freiheit für immer,
Seufzet, schmachtete,
Bettelte nimmer!

Schwebend geleiteten
Wir den Genossen,
Wögen die Macht, die sich wirkend erschlossen,
Sich in gespreiteten
Flüssen ergossen.

Bis zu der klingenden
Spindel zu dringen,
Wo sich die spinnenden Arme verschlingen,
Sollte bezwingenden
Seelen gelingen.

28

Wem das beständige
Leuchten entquollen,
Wer es beflamme, das wechselnde Wollen,
Oder es bändige,
Wär' zu entrollen.

27

Rings die gegründeten
Welten und Räume,
Hüben die Felsen und drüben die Schäume
Fühlten, verkündeten
Erst sich als Träume.

11

Wonnig begränzenden
Trieben ergeben,
Mußten sie bald im Verlangen erbeben,
Hier den ergänzenden
Reiz zu beleben.

12

Wir, die Beflügelten,                                    21
Die nicht ergreisen,
Lieben es, über den sphärischen Gleisen
Hoch auf entzügelten
Rossen zu kreisen.

Was auch bedächtige                                     = 24
Kräfte vollbringen,
Nur auf des Traumes entfaltenen Schwingen
Läßt sich das Mächtige
Bleibend erringen!

Jede bemeisternde                                       = 25
Größe der Thaten,
Alle beschirmenden Engel der Saaten
Sind durch begeisternde
Träume beraten.

Alles Gewonnene                                          –
Schmücken wir gerne,
Rücken mit Mut in die dunkelste Ferne
Heilig ersonnene
Bilder und Sterne.

Immer, wo beugende                                      26
Götter sich regen,
Wo sich Gedanken erfindend bewegen,
Sind wir als zeugende
Hälfte zugegen.

Aber vertrauliche,                                      29
Reizende Knaben
Senden wir aus mit erquicklichen Gaben,
Um die beschauliche
Seele zu laben.

Denn aus der eilenden                                   22
Göttlichen Quelle
Tragen sie gern zur bewirthenden Schwelle
Gern die verweilenden
Perlen der Welle.

Aber unsterbliche 31
Strömungen wühlen,
Wälzen wir auf in den starken Gefühlen,
Um das Verderbliche
Rasch zu verspülen.

Über den nächtigen 32
Urnen beginnen
Wir die verlockendsten Kränze zu spinnen,
Stehend auf prächtigen
Goldenen Zinnen.

So zu dem Sinnigsten –
Leihn wir den Samen,
Schimmernd bevölkern wir Tempel und Rahmen
Unter den innigsten,
Tröstlichen Namen.

Die sich uns weigerten, 38
Wehe, die Toren
Wären verschlingenden Nächten geboren,
Geistig gesteigerten
Welten verloren!

Wohl dem Empfänglichen, 39
Den wir erheben,
Der es verschmäht, in das blühendste Leben
Einen vergänglichen
Schatten zu weben!

Ein anderer Rhythmus, eine ganz andere Stimmung herrscht dann im «Chor der Urtriebe». Zwanzig achtzeilige Strophen sind schon am 27. März 1875 im «Wiener Salonblatt» erschienen (VI. Jahrgang, Nr. 13); die kurzzeiligen Mittelsätze fehlen noch. Aber den Kernsatz der Chöre, der jetzt im letzten (zwölften) Gesang enthalten ist, stellte der Dichter schon damals voran; es ist ein geradezu johanneischer Gedanke (Joh. 1,1–18):

Alles, was kreist,
Irdisch Gegründetes,
Himmlisch Entzündetes
Schuf sich im Geist,
Kam durch den Geist,
Ward für den Geist –
Wünschen wir Meister,
Seien's die Geister!

*Perchtoldsdorf 1867*


## CHOR DER URTRIEBE
### (Zweiter Gesang)

Ist's ein Schwellen, ist's ein Wogen,
Was aus allen Gürteln bricht?
Wo wir liebend eingezogen,
Dort ist Richtung, dort Gewicht.
Hätt' uns Will' und Wunsch betrogen?
Sind wir Mächte, sind wir's nicht?
Was es sei, wir heischen Licht –
Und es kommt in schönem Bogen!

Jeglichem Streite
Licht zum Geleite!
Schleunigen Schwingungen
Zarter Erregung,
Weiten Verschlingungen
Tiefer Bewegung
Muß es gelingen,
Bald durch die hangenden,
Schmerzlich befangenden
Nächte zu dringen.

Über den Gründen,
Über den milden
Schwebegebilden
Muß sich's verkünden,
Geister entzünden,
Herzen entwilden.

Hat es getroffen,
Find' es euch offen!
Seht ihr die erste
Welle der Helle?
Grüßt sie die hehrste,
Heiligste Quelle!
Schnelle, nur schnelle!
Hellen Gesichtes
Huldigt dem Scheine,
Hütet das makellos ewiglich-eine
Wesen des Lichtes!

Mag es, sein wechselndes Streben zu feiern,
Farben entschleiern!
Wecken wir lieblichen Krieg, daß sich trunken
Lösen die Funken!
Laßt uns die Tiefen, die schaffend erschäumen,
Laßt uns das Edle, was streitend gesunken,
Laßt uns die Kreise, die Fruchtendes träumen,
    Strahlend besäumen!

# «Der Geisterzögling»

Zum «Geisterzögling» [63], dem Epos, an dem er in den letzten Jahren vor dem Tod geschaffen hat, schrieb er selbst in einem Vorwort: «Der Schauplatz des Erzählten ist die gedachte oder geahnte Hälfte des Weltalls – das *Jenseits*. Dieses macht sich deutlich durch vier Begrenzungen. Zunächst unterscheidet sich das Land der Ideen oder das Reich der Ideale mit Namen *Sinnheim*; sonach das Land der Wirklichkeit oder des Sinnenlebens, genannt *Wahnheim*. Notwendig fügt sich an solchen Tätigkeitskreis das *Wehheim*, das ist die Halle des Weltgerichtes, der gegenüber der beglückende Aufenthalt *Wohlheim* seine unendlichen Gärten öffnet. Hier aber trifft sich's, daß bei der Beherzigung des vollends Klaren und vollendet Schönen sich ein bemerkenswertes Schicksal leidlos beruhigt. – Die Bevölkerung dieser übersinnlichen Schöpfungsergänzung ist die unsterbliche Gesellschaft geschichtlich namhafter Geister; der Held ist eine wandernde Seele, die in reingeistiger Befreundung ihre Klärung und Vervollkommnung sucht.»

## Eine Stelle aus «Sinnheim»

«Du dort, du mehr als königlicher Mann,
Der geistbeladen durchs Gefilde schreitet,
Nicht wandl' an mir vorüber – steh, halt an!»
So rief ich jetzt, vom Seelensturm verleitet.
Ich sah mich hart vor eine Brust gestellt,
Die trug sich, mächtig unters Kinn gebreitet,
Und barg den ersten Bürger der sattsam fremden Welt.

«Dem bringst du Klarheit, der nach Klarheit ringt.
Du, dem die Götter um die Stirne wallen,
Du, dem der Ausdruck Sieg auf Sieg erzwingt!
Dein Name muß als höchster Klang erschallen,
Wie lautet er?» – Ich sprach's mit Ungeduld,
«Gewiß, du bist Beherrscher dieser Hallen
Ihr Glück, vielleicht ihr Schöpfer, gewiß ein Mann von Huld!»

Er drauf: «Wie flink du deine Fragen scharst!
Die Antwort heischt Besonnenheit und Sitte,
Kein Volksheld ist es, den du hier gewahrst.»
Getreten fühlt' ich mich mit leisem Tritte. –
«Wenn ich dir Wahrheit widme, bist du's wert?»
So fuhr er fort, und ich: «O Herr, ich bitte!»
Doch er: «Ich bin's, der alle, die sehn, das Schauen lehrt.»

«Ha, Platon! Platon!» – Stürmisch überzeugt,
Verströmt' ich unaufhaltsam mein Entzücken,
Doch trat ich vor geziemend und gebeugt,
Mit Ehrfurcht sucht ich ihm die Hand zu drücken,
Allein wie Dufthauch durch den Lufthauch eilt,
Nicht anders wollte die Berührung glücken:
Es flossen ineinander die Hände ungeteilt.

Aufseufzend bat ich: «Laß mich nicht allein!»
Nachdem ich scheu die Hand zurückgezogen:
«Und laß den Sohn mich deiner Weisheit sein.»
Er hatte, was ich wünschte, schon erwogen
Und maß mir zu des Wortes Honigseim:
«Dich hat Gesicht und Ahnung nicht betrogen,
Dies große Reich heißt Sinnheim und ist des Sinnens Heim.»

«Du hast», so fiel ich ihm erregt ins Wort,
«Dies Geisterhaus geschaffen und gegründet?»
Doch mich erleuchtend sprach der Mann sofort:
«O diese Lichter strahlten schon verbündet,
Bevor die Körperwelt den Raum erfüllt
Und die Planetendichte sich geründet –
Ergründet hab' ich Sinnheim und seinen Sinn enthüllt.»


Aus dem zweiten Gesang: «Wahnheim»

Der Fluß der Unterwelt reißt Lebende und Leichen in den Abgrund.
Der Dichter dringt durch das Grauen hindurch und «schwingt dem
Lauf der Wälzung sich entgegen». Endlich wird es hell:

Ein Felsgestad, von Bergen überragt,
Entwölkte seine Gürtung, die Forsten rings befeuchtend.

Flußaufwärts sah ich hohes Land gegründet,
Denn Dunst und Dämm'rung war vom Tag zerstäubt;
Des Himmels schöne Wölbung klar geründet.
Vor solchem Wechsel stand ich fast betäubt,
Der Stromschluß krönte sich mit rauher Brücke,
Die hing plutonisch kühn emporgesträubt
Und das Verhängnis stöhnte vom Schwalch der breiten Lücke.

Da winkte mir, gedeckt vom Brückenpfeiler,
Ein stiller Mann, ein Ferge für Gewinn,
Ein müßiger Erwarter und Verweiler,
Er kraute sinnend sein Gestrüpp am Kinn
Und deutete gemach auf seine Fähre,
Die leise vor ihm schwankte im Gerinn –
Mit Geisterlippen fragt' ich: «Wie nennt sich diese Sphäre?»
. . .

Und sieh, er sprach: «Der Strom nur ist mir klar,
Denn er allein ist hier nicht wahnentsprossen;
Was trocken ist, belegt der tote Star,
Doch wird es treu besiedelt vom Volk der Wahngenossen.»

Zu gut verstand ich ihn – ich war auf Erden!
. . .

Ans linke Ufer zog er mich hinauf
Und zeigte mir den Anfang einer Straße,
Die knapp am Strom landeinwärts spann den Lauf,
Mit Wandervolk belastet in dichtem Übermaße.

Wie sich die Menschenknäuel weiterrollten,
Auf Krücken, Rädern und zu Roß und Fuß,
Dazwischen Schwärmer, die die Zeit vertollten.

(Der Bootsmann sprach:)

«Die Straßenführung streicht durch Meer und Land,
Verzweigt im Innern sich ins Tausendfache,
Umfaßt die Sachenwelt von Rand zu Rand
Als Weg durch Sach' und Ursach', als Bahn zur Hauptursache.

Die Menschheit stürmt heran von Süd und Norden.
Entbehrt der Sachen willen Rat und Rast,
Der Sachen willen trachtet sie zu morden.»
. . .

(Da kam ein Kind heran, trat leise in die Fähre)
Und sprach mit feinem Mut den Schiffer an:
«Mein Herr, geht hier zum lieben Gott die Reise?»
Der Mann versetzte: «Du bist richtig dran;
Doch trau dem Weg nicht ohne Wegvertrauten?»
Es sprach: «Die Mutter ist mir dicht voran!»
«So geh, mein Kind, und meide die Stummen und die Lauten!»

Er strich die Stirn und sprach zu mir gewendet:
«Gewiß ist's Gott, was sich als Welt behagt
Und alles Irdische beginnt und endet.
Das Kind allein hat menschlichwahr gefragt.
Die Hochmutsrede nennt es Allursache;
Doch das ist halb und ohne Herz gesagt,
Es lebt mit Gott der Tiefe, mit dem Gebot der Flache.»


Und er erfährt des Fährmanns Namen: *Charon* ist es, der hinüber
führt...


Fercher kommt vom deutschen Idealismus her. Ihm ist die Welt der
«Ideen», denen man durch Sinnen nahekommt, höher als die Welt
der Sinne – «Sinnheim» steht höher als die Sinneswelt.

Durch Vogt[64] (den er bei der «Reise ins Chaos» satirisch erwähnt),
durch Du Bois-Reymond und andere Zeitgenossen werden die Ideen
gering geschätzt; für Cabanis sind sie nur eine Absonderung des Ge-
hirns. Die Materie wird zur Ur-Sache, zur Mutter (mater) der Welt
erklärt.

Hier tut Fercher einen entscheidenden Schritt (den Plato
und Fichte noch nicht zu vollziehen brauchten): Hinter den materiellen Dingen (den «Sachen») und den mathematisch faßbaren
Naturgesetzen (den «Geboten») steht Gott. Aber man findet ihn
nicht, ehe man das Kind in der eigenen Seele entdeckt und bemerkt, daß dessen Mutter es ist, die auf dem Weg zu Gott «dicht
voran» ist.

Man glaubt, er schaue ins 20. Jahrhundert: Statt der Pflege des Autos brauchte es eine Pflege des autós (des höheren Ich); dann freilich erschließt sich hinter dem Wahn der Oberfläche eine Welt, die noch höher ist als die der Ideen – eine geistige Welt, zu der das wahre Wähnen Zugang findet.

Damit erklärt sich vielleicht eine schwierige Stelle aus dem Vortrag R. Steiners vom 17. November 1918, wo er von Fercher spricht, der «aus Ahnungen heraus» die Gliederungen der Welt benannt hat, und es soll dabei nicht auf die Namen ankommen; was Steiner in seiner «Theosophie» mit «Seelenwelt» benannt hat, nennt Fercher «Sinnheim»; «aus Gründen, die auseinanderzusetzen jetzt zu weit führen würde, spricht er von dem, was ich das ‹Geisterland› genannt habe, von ‹Wahnheim›, meint aber nicht bloß ein Heim, wo der Wahn etwa ist, sondern indem er von ‹Wahnheim› spricht, meint er eigentlich das Geisterland», und er fügt hinzu: «Es kommt darauf an, daß man sich in diese Dinge wirklich auf irgendeine Art vertieft und sie für das Leben ernst nehme», sonst kommen wir aus dem Chaos nicht heraus.[65]

Erwähnt sei hier, daß sich hinter dem Wort «Wahn» zwei Wörter verbergen, die gleich lauten, aber nicht verwandt sind, ja sogar Gegensätzliches bedeuten:

Das neuhochdeutsche Wort «Wahn» ist verwandt mit lateinisch «vanum» (leer, eitel, nichtig) und steckt in den Wörtern «Wahnsinn», «Wahnwitz».

Das gemein-germanische Wort «Wahn» hingegen (Erwartung, Hoffnung) ist verwandt mit «gewinnen», englisch «to win», schwedisch «vinna» (erringen, erlangen); ferner mit «Wunsch», «Wonne» und lateinisch «Venus».

Die beiden weiteren Teile freilich («Wehheim» und «Wohlheim») hat Fercher nicht mehr ausgeführt, doch fand sich im Nachlaß eine Notiz, wonach im Wahnheim die Devise gilt: «Von der Wirkung zur Ursache» (zu streben). Auf dem anderen Ufer aber, «jenseits des Waldes [liegt eine] lichte, heitere Erdgegend mit dem Wegezeiger: ‹Weg, vom Grund zur Folge›. Hier haust das Märchen, denn dieses ist die Entschädigung für die geistige Unbefriedigtheit und Täuschung des Menschen. Dieser Weg führt hinab durch die Erdschichten und Versteinerungen, und lebende Urtiere verkörpern die Mythologien und

Fabeln. – Im Zentrum Totengericht. Es wird also von der neuesten Zeit begonnen und auf die ersten Schöpfungsperioden zurückgegangen. Linkes Ufer liebliche Gegend, rechtes wüst und leer. – Es gibt nur *einen* großen Strom. Die anmutige Gegend links ist auf den begrenzenden Bergen mit heranwandernden Wolken umzogen. Das sind die Heere von Schatten, die der Straße der Wirkung und Ursache zuströmen und dort angelangt zu leibhaften Menschen werden. Sie wallen mit Leidenschaft und Gier die Straße stromaufwärts mit beeilten Schritten, so daß sie den Helden hinter sich lassen; denn den Helden treibt keine Leidenschaft. Das gibt Gelegenheit zu Fragen und Gesprächen zwischen dem Helden und den Wallenden.»[66]

Der Blick – nicht mehr auf die Ursachen, sondern – auf die Folgen der Taten führt ihn in die Welt, in der das Schicksal entschieden wird, und dann erst in das «Wohlheim», das ganz gewiß nicht «persönliches Wohlgefühl» im Sinn der niederen Wünsche bietet. Nach dem Einblick in sein Schicksal kann das Wohlsein ja nur darin bestehen, im Sinn der göttlichen Weltordnung mit-schöpferisch zu handeln.

Das Wort «wohl» ist verwandt mit «wählen» und «wollen».

# Mitarbeiter der «Lyra»

Von der Zeitschrift «Die Lyra» besitzt die Wiener Stadt- und Landesbibliothek im Rathaus eine, wenn auch unvollständige Reihe von Nummern. Sie trägt den Untertitel «Wiener allgemeine Zeitschrift für die literarische und musikalische Welt», herausgegeben und geleitet von Anton August Naaff. Auf der Titelseite der dünnen Hefte sind jeweils etwa 20 Namen von Mitarbeitern angeführt, die wohl gelegentlich Berichte aus dem Gebiet der Österreichisch-ungarischen Monarchie und des Deutschen Reiches eingesandt haben mögen und daher im Text kaum aufscheinen. Fercher von Steinwand aber ist durch Jahre nicht nur als Mitarbeiter genannt, sondern auch gelegentlich durch namentlich gezeichnete Beiträge vertreten. Diese sind meist in den Gesammelten Werken, Band 1 bis 3, erschienen. Einige weniger bekannte seien hier abgedruckt.

*Jahrgang VI, Nummer 2*, 1882/83, enthält die Abhandlung «Über Schilderung und Beschreibung in epischen Gedichten» (ausführlicher erschienen in FW 3) und das kleine (in FW 1 aufgenommene) Gedicht:

*Gute Nacht!*

Mondbestrahlte Wiese schäumt
Über klare Kiese,
Röslein neigt das Haupt und träumt
Auf die Opferwiese.

In die süße Nacht hinein
Lisple ich erglühend:
Schlummre seelig, Liebchen mein,
Und erwache blühend!

*Nummer 5* bringt das Gedicht «Der Wunsch», *Nummer 9* die Abhandlung «Über Friedrich Marx», in *Nummer 16* beginnt «Eine Geschichte des modernen Dramas» in fünf Teilen und steht das Gedicht «Ausflug» (alle in FW 1 oder FW 3 wiedergedruckt).

*Jahrgang VII* enthält (in *Nummer 11*) «Herz und Blume» und dann drei kaum bekannte Gedichte in *Nummer 14*:

*Feld und Hain erglühen hold*

Feld und Hain erglühen hold
Unter Blütenträumen,
Und das Licht, wie weißes Gold,
Rauscht es in den Räumen.

Komm, mein Leben, meine Lust,
Tritt in Gottes Helle,
Daß sich wärme Brust an Brust,
Lust zu Lust geselle.

*Gesang und Tod*

Nachtigall, die lockend rief
Mir im Mondenscheine,
Mit dem Pfeile ritz' ich tief
Dir die Brust, die kleine!

Siehe drüben ein Gemach!
Mädchen sitzt alleine,
Mädchen, das dir Treue brach,
Blickt zum Mondenscheine.

Flattre blutend dann empor
Zu des Fensters Scheine,
Singe sterbend ihr ins Ohr,
Wie ein Dichter weine!

*(Nummer 16)*

*Vertraue!*

Stille Qualen, tiefen Harm
Klagest du den Tannen,
Kannst mit Glaubens festem Arm
Nicht die Welt umspannen.

Daß ein Funke Liebesglut
In die Brust dir flöge!
Daß ein froher Lebensmut
Dich zur Ferne zöge!

Willig wird der freie Mann
Freie Bahn dir gönnen,
Freudig schließt man dem sich an,
Der versucht zu können.

Gastlich wehen rings im Land,
Fahnen auf den Zinnen,
Milde faßt man deine Hand,
Kehrst du dich nach Innen.

Manch ein liebes Auge taut,
Wenn du gehst von hinnen,
Manches Haupt, im Kampf ergraut,
Segnet dein Beginnen.

Traute Grüße hier und dort,
Und die Herzen glühen
Treue Seelen allerort,
Und die Schönen blühen!

(Nummer 18)

*Jahrgang VIII* von 1884/85 bringt zunächst das Gedicht «Der Gras-
halm» (abgedruckt unter dem Titel «Bildchen» in FW 1) und beginnt
dann in *Nummer 2* mit Veröffentlichungen aus den «Kryptofloren»
mit dem redaktionellen Hinweis: «Unter diesem Titel bringen wir
unseren Lesern ein eigen geartetes Werk eines der schätzenswerte-
sten Poeten Deutsch-Österreichs, eine Art literarisches Tagebuch,
eine geistvoll und tief angelegte Autobiographie in poetischen Aphorismen. Der Verfasser, Fercher von Steinwand, zählt seit Jahren zu
unseren gediegensten Mitarbeitern...» Wir bringen es, «um zur besonderen Anregung eines höheren literarischen Interesses jedes gebildeten Lesers wesentlich beizutragen». Es folgen nun immer wieder
kürzere oder längere Proben, die dann, teilweise unter anderem Titel
in FW 1 gedruckt sind. Folgendes Beispiel dürfte kaum bekannt sein:
*(Nummer 21, 1885)*

*Erquickung*

Lauer Regen klopfet lind
Auf das Laub der Bäume,
Und von Blum' und Blumenkind
Fliehen heiße Träume.

Was da sommerseelig glüht,
Schaut mit Lust nach oben;
Was in deiner Seele blüht,
Hat sich leis erhoben!

*Jahrgang IX* enthält drei bekannte Gedichte. In *Jahrgang X* steht am
1. März 1887 (der Zusatz «in den Vor-Alpen» läßt an die Ausläufer
des Wiener Waldes denken):

*Sonntag auf dem Land*

Sonntag ist's, die Glocken klingen,
Die Gemeinde für und für
Zieht mit Beten und mit Singen
Durch des Kirchleins schmale Tür.

Frische Mägde – Kerzenlichter –
Bursche mit verwegner Stirn –
Kerngesunde Landgesichter –
Ach – und nicht ein Quintel Hirn!

*(Nummer 11)*

*Überraschung*

Ihr verwünschten bösen Frommen –
Weiß ich immer, wie ihr heißt? –
Die ihr strebet gottbeklommen
Und teils mager seid, teils feist –

Die ihr einschleicht mit Geknister!
Habt ihr gottgemäß gehandelt?
Meine niedlichen Geschwister,
Ach, wie habt ihr sie verwandelt!

Waren's muntre Geschöpfchen!
Wie die vollste Wiesenblume
Sonnte jegliches sein Köpfchen
Blond in Gottes Heiligtume.

Ach, und nunmehr? – Stufenkriecher,
Händeküsser und Barfüßer,
Augenwälzer, Rauchfaß-Riecher,
Weh, und jammervolle Büßer!

Soll ich, der Natur zum Spotte
Als Verleugner ihrer Gaben,
Frohnen irgendwelchem Gotte –
Gut, so mag ich keinen haben!

Wien, März 1887                    Fercher von Steinwand
                                   *(Nummer 14)*

### Einklang

Stern ist in des Himmels Saal
Leuchtend eingezogen,
Stromgefäll im tiefen Tal
Schwingt den Perlenbogen.

In des Auges Äther dir
Ist mein Blick geflogen,
Aber tief im Herzen mir
Ringt's in schönen Wogen.

*(Nummer 24, 15. September 1887)*

*Jahrgang XI* enthält am 1. Januar 1888 (also kurz bevor Rudolf Steiner ihn persönlich kennenlernte) in *Nummer 7*:

### Morgenspruch

Sei vor jeglichem Beginnen
Nur eingedenk der höhern Kraft,
Die zu wirken, zu gewinnen
Mut und Stärke dir verschafft.

Ohne Säfte – keine Triebe,
Ohne Genius kein Prophet,
Ohne Seele keine Liebe,
Ohne Denken kein Gebet.

Im selben Heft steht ein Gedicht von Auguste Hyrtl, Ferchers Gönnerin, aus dem die Sorge spricht für den 91jährigen Kaiser Wilhelm I.,
dessen Sohn schwer erkrankt war:

... ziehen Todesschauer
Durchs ganze Deutsche Reich, versenkt in Trauer.
Steh fest Germania, wer trägt einst deine Krone?
Wem läßt der Kaiser sie: dem Enkel oder Sohne?

(Wilhelm starb, hochverehrt, am 9. März. Sein Sohn regierte, schwer
an Kehlkopfkrebs leidend, bis zu seinem Tod am 15. Juni 1888; dann
folgte ihm Wilhelm II. auf dem Thron.)
   In *Nummer 19* erscheint am 1. Juli ein Beitrag, signiert: «Wien, im
Juni 1888, Fercher von Steinwand»:

### Deutsche Friedens-Liga
(Deutschland–Österreich)

Sie haben einst zu Osnabrück
Und Münster uns zerrissen,
Sie haben wie Hyänen sich
Um unser Land gebissen.

Sie haben uns verhöhnt, verlacht
Als dunkle Sylbendeuter,
Sie schalten Kretinisten uns
Und lahme Bärenhäuter.

Nun fürchten die in Ost und West
Gemessne Nasenstüber,
Sie summen jetzt von rechts und links
Zum deutschen Volk herüber.

Daß wir der Welt ein Schutzgeist sind,
Bestritten sie mit Lügen.
Jetzt tät' es ihnen wieder gut,
Wenn wir den Teufel schlügen.

Sie necken uns, sie drängen uns,
Sie bersten fast vor Galle,
Weil wir so hoch-olympisch tun
Bei ihrem Kriegsgelalle.

Bei Gott, sie alle spüren's noch
Dereinst an den Gelenken,
Wie donnerkühn ein stiller Geist
Zur rechten Zeit kann denken!

Im *Jahrgang XII* werden in *Nummer 8* am 15. Januar 1889 die «Nationalen Gedichte» des «in Wien lebenden kernhaften Kärntner Dichters Fercher von Steinwand» kurz erwähnt.

Auf Seite 83 steht die Nachricht, daß Kronprinz Rudolf am 30. Januar in Mayerling gestorben ist... «unter seiner Führerschaft und Mitwirkung kam auch das großangelegte Werk heraus» (gemeint ist «Die Österreichisch-Ungarische Monarchie in Wort und Bild»).

Auf Seite 155 lesen wir: Aus der literarischen Welt: «Fercher von Steinwand, der langjährige Mitarbeiter der ‹Lyra› ist erfreulicherweise von seiner schweren Erkrankung nun so weit im Bessern, daß er am 25. Juni zur Kräftigung in die Sommerfrische nach Weißenbach, nächst Hinterbrühl übersiedeln konnte.»

Und auf Seite 163 werden ernste Befürchtungen wegen der schweren Erkrankung Robert Hamerlings geäußert. (Er ist dann am 13. Juli 1889 gestorben.)

*Die Jahrgänge XIII* und *XIV* bringen keine Hinweise auf Fercher.

*Jahrgang XV* berichtet in *Nummer 14* über einen Vortragsabend der «Iduna» vom 16. März 1892, bei dem sich Fritz Lemmermayer gegen den Naturalismus wandte und Gedichte Ferchers von Steinwand vorgetragen wurden.

*Jahrgang XVI* zählt bereits gegen 60 Mitarbeiter auf (aus der österreich-ungarischen Monarchie) mit dem Zusatz «Berichterstatter in den Hauptstädten Europas und Amerikas».

Fercher von Steinwand ist zum ersten Male nicht mehr angeführt.

# Ehrenpräsident der «Iduna»

Der Kreis, der sich um Lemmermayer sammelte und Rudolf Steiner zu Fercher führte, veranstaltete Lesungen auch von Werken Ferchers und brachte (ab 1892 durch einige Jahre) eine periodische Zeitschrift heraus, die nach Ferchers Vorschlag den Namen der nordischen Göttin trug, die die goldenen Äpfel hütet, welche den Göttern ewige Jugend verleihen: «Iduna», Zeitschrift für Dichtung und Kritik, herausgegeben von der Freien deutschen Gesellschaft für Literatur in Wien (Leipziger Literarische Anstalt).

Fercher wird Ehrenpräsident, Fritz Lemmermayer Vizepräsident, Auguste Hyrtl gehört als geachtete Seniorin dem Vorstand an.

Ein Beispiel aus dem ersten Jahrgang: [67] Ein junger Dichter, dessen Name hier nicht genannt wird, hatte um ein Urteil gebeten über sein neues Gedicht, ein Heldengedicht. Fercher antwortet mit einem Beitrag (freilich über ein Thema, das er schon zehn Jahre vorher in der «Lyra» behandelt hatte): *«Über Schilderung und Beschreibung in erzählenden Dichtungen».*

Er betont zunächst, daß er den früheren Versen dieses Dichters wiederholt Beifall gespendet habe; nun aber, nachdem er neun Gesänge dieses Heldengedichtes gelesen, muß er ihn doch mahnen.

Die Art, wie er es tut, gibt zugleich Einblick in die Werkstatt des greisen Dichters selbst und seinen künstlerischen Ernst. Einige Stellen aus diesem Beitrag:

*«Wollen Sie Ihren Heldensang noch eine gute Zeit bei sich behalten. Nehmen Sie's mit Ihrem Werke so bitter ernst, als Sie's vermögen. Sie werden finden, daß Sie viel zu verbessern, viele Lücken auszufüllen und manches umzuarbeiten haben...*

*Schilderungen sind überall am Platz, das heißt, in jedem lyrischen Gedicht, in jedem Bühnenspiel kann geschildert werden, zumal im Heldenlied. Eigentlich ist die ganze Dichtkunst nichts anderes als die Kunst des Schilderns. Allein der Dichter schildert durch Handlungen. Unter Handlungen versteh' ich, kunstentsprechend aufgefaßt, keineswegs nur das, was sich begibt, was geschieht, was getan wird, sondern alles, was einen Fortschritt, eine Entwicklung bezeichnet, also auch die innerlichen Geschehnisse: Die Enthüllung der Absich-*

ten, den Schritt zum Entschluß, die Erwarmung der Empfindung, den Anwachs des Leidens; den Sprung von der Demuth des Herzens zur Anmaßung des Gemüthes, vom Frohlocken des Besitzes zum Verzicht der Seelengröße, von der Umschau des Geistes zum Lichtschlag des Witzes; den Übergang von der Ahnung zur Klarheit, von der Befürchtung zur Gewißheit, von der Beklommenheit zur Angst, von der Abneigung zum Abscheu, von der Erbitterung zur Härte, vom Mißmuth zum Haß, vom Stolz zum Trotz, von der Drohung zum Angriff, vom Zorn zur Wuth, von der Eitelkeit zur Hoffart, vom Wunsch zum Drang, vom Trieb zur Begier – das Keimen der Neigung, das Knospen der Liebe, das Steigen der Sehnsucht, das Aufleuchten des Entzückens, das Emporwallen der Begeisterung, das Hinüberschwärmen in die Raserei, den Sturz in die Verzweiflung.

Alles beruht darauf, daß mit jedem Vers eine leise Bewegung nach einem Mittelpunkt, nach einem bedeutsamen Zwecke gefühlt werde. Einzig und allein dadurch wird dem Leser geschehen, wie ihm zu geschehen hat: Indem er sich dem Einzelnen hingibt, wird er auf das Ganze gespannt sein.

Aber alle sogenannten Beschreibungen sind diesem wahrhaft dichterischen Tiefgang unendlich hinderlich. Und dennoch sind sie, wie man glaubt, nicht zu vermeiden. Eben wir Deutschen sind auch selten darauf bedacht, sie wohlthätig einzuschränken. Reichlichst lagern wir sie ab in unseren papierschweren Ausladungen. Alle eigentliche Handlung hält während derselben ihre Raststunde. Die Helden treten wartend in den Hintergrund, um vom Leser halb vergessen zu werden. Nun gar, wenn es den Dichter gelüstet, sein eigenstes gefühlvolles Herz auszujammern oder seine eingescheuerte Weisheit zu Markt zu fahren! Müssen nicht Bild und Wesen, Mensch und Sache, Schicksal und Ereignis dabei dürsten und darben, bis sie, vollkommen entkörpert, blutlos zu den Schatten wandern? Was Wunder! – Deswegen haben unsere Geschichten und Geschichtchen, Heldengesänge und Romane, wie man sie nennt, insgesamt etwas Langweiliges, Mattes und Ermüdendes. Deswegen auch bleibt eine Eigenthümlichkeit unserer Bücherverschlinger jederzeit höchst merkwürdig. Beim Empfang eines Buches pflegen sie mit gierigen Blicken zuerst über den Schluß der Erzählung herzufallen. Das ist ein unwillkürliches Eingeständnis, daß die unendlichen Flächen des Buchstabengewebes, daß die bekannte zähe Schleimtünche unserer

Schriftsteller für sie etwas Angsterregendes haben. Und wirklich, es ist keine Leichtigkeit, sich durch so viel schönen und salzlosen Brei ins Schlaraffenland hinüberzufressen...

Wollen Sie sich, theurer Freund, des Nestor erinnern. Groß ist der Raum, den dieser thatlose Held und beschwerliche Greis mit seiner gemüthlichen Wohlredenheit beansprucht. Wie viel vergebliches Geplauder und selten ganz ohne Albernheit! Aber nur scheinbar vergeblich. Wir bemerken allgemach, das alles stehe dem alten Herrn sehr wohl an, dem vielbefreundeten Mann, der durch die Bürde der Jahre gehindert ist, ein ersprießlicher Kampfgefährte, ein wortkarger Waffenschwinger zu sein. Mit freundlichst wohlwollendem Geiste wenden wir uns zu seiner gutherzigen, immer abschweifenden Redeweise zurück und belohnen sie mit oft erneuerter Überschau. Denn seine Reden sind Handlungen. Sie erschaffen den Menschen und Greis Nestor vor unseren Augen und beleuchten höchst lebhaft sein Verhältnis zu den Mitkämpfern, sowie die Eigenart und den Gang der Hauptunternehmung.

Ähnliche Fingerzeige gibt uns Homer in unterschiedlicher Weise. Die Beschreibung des Achillesschildes ist bekannt genug. Ja gewiß, man darf sich sogar in erschöpfende Beschreibungen einlassen; aber sie müssen sorgfältig, ich möchte sagen, Zeile für Zeile zu Handlungen umgebildet werden. Eben zu diesem Zweck ist der Dichter ein Künstler. Bei Ariost und Dante sprießt jeder Vers aus einer Thätigkeit, jeder Versverband erscheint als ein Richtungszeiger der angenommenen Bewegung, als ein angelegentlicher Deuter nach dem Ziel. Wäre es nicht angenehm, diesen zwei großen Herren etwas abzulauern? Insbesondere sollte man weder eine Räumlichkeit noch eine Landschaft beschreiben, in deren Mitte nicht der waltende Mensch oder etwas ihm Verwandtes die Hauptsache wäre und alles Übrige um ihn her Hilfsgemälde und Ergänzungszierde.

An diese Stelle gehört noch etwas von Gewicht. Die Beschreibung dieses oder jenes Gegenstandes, dieser oder jener Thatsache, wenn sie einmal in glücklicher Stimmung ausgeführt worden ist, darf sich im ganzen bearbeiteten Stoff nicht wiederholen. Solches sollte man auch nicht wagen, selbst wenn man ein Heldendichter wäre und ein Heldengedicht zur Tochter hätte im stolzen Gewande von hunderttausend Versen. Ich würde keine Zustände vorführen, keine Verwicklungen einleiten, derentwillen ich an schon Gesagtes und Geschildertes im Geist der Wiederholung anklingen müßte. Denn das wäre dem Begriffe der Handlung entgegengesetzt; es wäre Rückschritt, Aufenthalt, Stillstand. –

Aber, theuerster Freund, werden Sie ausrufen – was schon vor einem Jahrhundert ein Mann mit dem Vorrecht seines strahlenden Verstandes empfohlen hat, wie können Sie so unselbständig sein und dasselbe mit beklemmender Unterwürfigkeit langweilig wiederholen? Sie wärmen uns mit fremdem Feuer, beschenken uns ohne Schamröthe mit erborgten Diamanten. – Ich bin verdutzt, die Freunde sind bestürzt. Ich hoffte, von Ihnen angenehmer ergriffen zu werden. Was soll's mit dieser geistigen Wohldienerei? Welch ein Glück oder Verdienst ist das, als wandelndes Citat umherzugleiten im Gespensterschritt? Dienst du gerne, so diene deinem Geist. Das trägt Inhalt ein. Und wir Hungernden werden Sättigung suchen an der Herrlichkeit deiner Vorräthe und Labung finden am köstlichen Bronnen deines Hauses.»

# Gedichte und Sprüche

In seinem lyrischen Schaffen hat Fercher sein Persönliches gegeben – ernst und heiter, gedankentief und fröhlich spottend. Er schrieb im Laufe der Jahre etwa 190 Gedichte. Weitere 673 Sprüche aber faßte er zusammen unter dem Namen «Kryptofloren» (verborgene Blüten); er nennt sie mit einem Untertitel: «Ein poetisches Spruch- und Tagebuch». – Einige Proben:

### Ungewitter

Horch und sieh! Die Blitze dröhnen
Und die dumpfen Täler stöhnen,
Die Natur im Fiebertraum
Wälzt Gewitter durch den Raum.

Wenn mich das Gewirr umschauert,
In der Luft der Zufall kauert,
Mahnt ein Götterbote mich:
«Daß du Mensch bist, freue dich!

Sollen all die Graungewalten
Zur Bedeutung sich gestalten.
Müssen sie, dir untertan,
Deiner Macht sich schmiegen an.

Du nur schaffst durch dein Beraten
Dieses Wurfspiel um zu Taten,
Hauchst in den verworrnen Drang
Sprache, Geist und Seelenklang!»

### Abendlied

Weit unten am dunkelnden Äther,
Auf mächtiger Berge Saum,
Da träumen greise Föhren
Des Schöpfers verhülltesten Traum.

Beseelend klimmen die Sterne
Hoch über den Gipfeln hervor
Und tragen die leuchtende Träne
Des liebenden Herzens empor.

### Bei Sternenhelle

Oben, wo es nächtlich blaut,
Funkelndes Gedränge.
Unten, wo das Auge taut,
Milden Sehnens Klänge!

Klimme, Seele, leis empor
Auf des Klanges Gleisen,
Sterne, glänzt der Seele vor
In des Himmels Kreisen!

## Aus den Kryptofloren

Mein Freund gibt stets nur dem Erfolge recht,
Er ist des schlimmsten Knechters echter Knecht. –

Wie laut auch euer Freiheitswort ertose,
Wie viele Fürsten ihr auch mögt vertreiben,
Der Urteilsfaule, der Gedankenlose
Wird jederzeit ein Knecht verbleiben! –

«Wie wir so spät das Einfache begreifen!»
Für alles Wahre muß die Seele reifen. –

Recht *haben* mögt ihr in eueren Falten,
Ihr frechen Gewalten,
Ihr schnappenden Jungen, ihr struppigen Alten:
Ich aber, ich werde recht *behalten*. –

Der Praktiker hat nicht weit,
Der Denker braucht Zeit. –

Ich war bemüht in allen meinen Tagen,
Im rechten Klang ein Richtiges zu sagen;
Ich find', es ist schwieriger, als man denkt,
Und kommt es, so kommt's wie von Göttern geschenkt.
Doch fühl' ich auch lebhaft den schönen Gewinn,
Das Rechte will niemandem recht in den Sinn.
Falsch Wort ist gefällig, ist leicht gelenkt,
Es hat's auf der Zunge fast jeder für jeden
Und jeder, der spricht, der meint schon zu reden:
Das fliegt euch so mutig hinein in die Welt,
Als hätte die Hölle Raketen geschnellt! –

So oft ich ohne Gemüt gestritten,
Da schien ich, da war ich fast immer der Sieger;
Doch wenn ich fürs Höchste bin eingeschritten,
Entwankt' ich dem Krieg wie der blutigste Krieger! –

Alle Widersprüche
Lassen sich vereinen
Im Gemüt, im reinen:
Du nur gehst in Brüche

Durch dein stolz Verneinen
Im Gemüt, im kleinen. –

Besser den hohen Göttern verwandt,
Als dem Publikum interessant. –

Der Kluge sieht nicht mehr, als was ihm selber nützt,
Des Genius Auge sieht, was alle Menschen schützt. –

Das Genie behält recht,
Sogar wenn es irrt;
Euch geht's erbärmlich schlecht,
Wenn's euch den Kopf verwirrt. –

Er war euch vordem
Mit nichten genehm;
Nun ist er verstorben,
Nun wandelt er droben,
Nun habt ihr's bequem,
Nun könnt ihr ihn loben. –

«Du hast zum Original noch gar weit,
Hast Hebbel und Grabbe konterfeit,
Erinnerst uns in manchem Ton
Sogar an Shakespeare und Calderon.»
Ich beicht' euch noch was, ihr guten Leut',
Was ich bisher mich zu beichten gescheut,
Ich fühle mich schrecklich zerknirscht und gebeugt:
Ich habe mich auch nicht selber gezeugt
Und kann es nicht schildern, wie sehr es mich reut. –

Widriges Braten- und Pratergeschlecht,
Immer gedankenlos, immer bezecht,
Packt dich das Schicksal bei den Haaren,
Trifft das Los dich just eben recht,
Futter zu werden für fremde Barbaren. –

Man reckt sich, dehnt sich, man verzieht;
Die Zeit, die mahnende Zeit, entflieht,
Man läßt's eben gehen.
Es muß was geschehen,
Bis was geschieht. –

Das macht mir oft bedenkliche Qual.
Klopft eine Wahrheit zum erstenmal
An meine Pforte
Und spricht zu mir die beginnenden Worte,
Ich weiß nicht, wie's kommt, daß mir immer scheint,
Als stehe vor mir mein bitterster Feind.

Ich trete zu ihr heran –
Erst blick' ich sie an
Mit widerwilligem Herzensbemühn,
Dann kühn!
Auf meines Geistes innerster Spur
Im zartesten Schaffensgebiet der Natur,
Beginnt mir's zu glühn:
Bis in der Seele mir leise
Sich wölben neue, himmlische Kreise;
Ich sehe mir Stern um Stern erblühn:
Und plötzlich wird mir's klar und hell,
Was vordem ich war für ein armer Gesell. –

Nicht einer ist so gesichert auf Erden,
Daß er nicht könnte geblendet werden
Von einem Blitz der Leidenschaft
Oder von des Scheines bezaubernder Kraft.
Was unterscheidet den Weisen vom Toren:
Der geblendete Tor ist für immer blind,
Dem Weisen erneut sich das Auge geschwind!
Doch statt des irdischen, das er verloren,
Wird ihm ein himmlisches nachgeboren.

Ich hätt' euch so vieles, so vieles zu bringen,
Ich hätt' euch so gerne mit allem bedacht.
Es war Nacht!
Ich kam mit wetterfeuchten Schwingen
Aus einer Walkürenschlacht:
Ich kam mit heilig erbeuteter Fracht!
Ich hielt vor euren Pfortenringen!
Ich ließ mein Sphärenglöcklein klingen,
Allein ihr seid nicht erwacht!

## «Geschichte der Menschheit und der Natur»

Den ersten Gesang haben wir schon erwähnt («Die Reise ins Chaos»); der andere Gesang, der besonders deutlich die Brücke zeigt, die von des Dichters Werk hinüberführt in seine wahre (geistige) Heimat, hat den Titel:

### Die Wiedergeburt

Des Wanderns ist die Seele nicht enthoben,
Sie glüht im Wunsch, ein *ew'ges* Ich zu sein.
Ich will's im Umtausch der Gestalt erproben.
Die *meine* schloß ein Falke vormals ein,
Mir sagten's Träume, die nach rückwärts mahnen.
Drauf nahm ein Schwan mich auf – er starb allein
Und wies mein Innerstes auf neue Werdensbahnen.

Er schildert dann, wie er, heraustretend «aus des Lebens Toren», zuerst das Nichts erlebt, das als «Nicht-Es» ein unbegrenztes Ich ist, in dem des Lebens Grund geborgen; er schildert weiter die Entstehung des Menschen, die Erschaffung seiner Augen und Ohren (zugleich mit Licht und Ton), die Wölbung seines Hauptes und so weiter, bis dann sein Ich – erst zu der Vaterkraft der Sterne, dann zu der Muttergunst des Stoffes hingewendet – an die Erdenform gebunden wird, und, im Raumessein erwachend, singt er die letzte Strophe:

Und ich entnahm den Tausenden von Stimmen
Die reinste, der mein Ohr sich unterwarf,
Sie strebte nach dem hehrsten Ton zu klimmen.
Ihr Klang war schön, ihr Wort gewiß und scharf:
«Nun kannst du dich des Höchsten unterwinden,
So weit und groß es das Gemüt bedarf –
Glück auf! Sei wahrhaft Mensch, so wirst du Menschen finden!»

# IV. NACH FERCHERS TOD

Ein Ausschnitt aus einer nicht genannten Zeitung (*WStLB*, Konvolut Nr. 67) vom 24. Januar *1904*, also kurz nach der Herausgabe seiner sämtlichen Werke, ist bezeichnend für das Verständnis seiner Zeitgenossen: Die Herausgabe sei zum Teil berechtigt, indes ein Drittel hätte man nicht drucken sollen. «Lasset die Toten ruhen.» Der Schreiber («K. v. Th.») hält die Sprache zum Teil für schwulstig, zu viel an Grabbe orientiert, der zum Teil genial, zum Teil eher verrückt war. Er lobt die «Kryptofloren» und den «Dankmar». Die Dramen und Epen seien viel zu lang, der «Chor der Urträume» lang und unverständlich.

Das *Kärntner Landes-Archiv* verwahrt eine dicke Mappe (KLM Nr. 169) von Zeitungsausschnitten über Fercher. Sie wurde zum Teil von der Witwe des Schriftstellers Franz Christel zur Verfügung gestellt. Leider ist manchmal der Name der Zeitung oder deren Datum der Schere zum Opfer gefallen. Hier eine kleine Auswahl aus diesen Schriftstücken:

«Erinnerungen an den Dichter Fercher v. Steinwand» von Franz Christel (vermutlich von Ostern *1902*, also kurz nach des Dichters Tod). Christel wollte Mitte der achtziger Jahre den «ungewöhnlichen Meister» kennenlernen, der die «Deutschen Klänge» geschrieben hatte. Er begab sich zum Alsergrund, Sensengasse 8, erster Stock, und läutete. Aber der Hausmeister hatte recht: Der Dichter öffnet niemandem und ruft grimmig durch die Tür: «Ich mache keine neuen Bekanntschaften!» Da hinterläßt der Student ein Büchlein, seine ersten lyrischen Versuche enthaltend, und wird beim nächsten Versuch sofort herzlich aufgenommen; sie treffen sich öfter bei einem Glase

Wein an Stelle des «Sie» tritt das vertrauliche «Du». Der Dichter solle nicht anders auftreten als der Mensch, «mit dem Menschen steigt und sinkt der Dichter», sagte Fercher, der mit Nietzsche nichts anzufangen wußte: «Seine Herrenmoral ist eigentlich die Moral der Brutalität und Bestialität, die Moral des wilden Tieres.» Fercher war ein Gegner des Zitierens: «Zitate sind meist Gedankenkrücken», hielt er den jungen Leuten vor, wenn sie zu fleißig ihre klassischen Merksprüche hersagten. Freilich war er geschlagen, als sie bei schicklichem Anlaß auch einige Goldmünzen seiner eigenen dichterischen Prägung in Umlauf setzten.

Für sich als Dichter erwartete Fercher von seiner Zeit keine Aufmunterung oder Anerkennung. Als am Tage seines 70. Geburtstagsfestes in seiner Wohnung ein Diener des Magistrats erschien, ihm einen Brief übergab und erklärend hinzufügte, daß derselbe vom Bürgermeister herrühre, rief Fercher ärgerlich aus: «O Satanas, der Bürgermeister will wohl durchaus eine Steuer von mir haben!» Wie groß war sein Erstaunen, als das Schreiben sich als ein ehrenvoller Glückwunsch erwies! Da wußte er sich vor Freude kaum zu fassen.

Auffallend ist die zweimalige Hinwendung zum Geist Dantes, mit der Christel seinen Beitrag schließt: Fercher war Anfang Februar 1902 schon so gebrechlich, daß er sich unfähig sah, das Bett zu verlassen; er ahnte das Ende. «Das ist der Tod – der Tod ist alles!», kam es einmal dumpf von seinen Lippen.

Das letzte Gespräch, das Christel mit ihm führte, betraf das in der Sezession ausgestellt gewesene Dante-Denkmal Cancianis, das er aus einer Abbildung kannte und das ihm außerordentlich gefiel. «Ja, dieser Dante, der die steile Felsenhöhe erstiegen...», lispelte er, und sein Gesicht nahm den Ausdruck einer tiefen, stillen Andacht an, wie Christel sie vor Jahren bei ihm beobachtet hatte, als Fercher in die Betrachtung eines Dante-Entwurfes des Malers Eduard Luttich von Luttichheim versunken war.

Wie «Das Grabdenkmal Ferchers v. Steinwand» auf dem Zentralfriedhof enthüllt wurde, berichtet ausführlich die Beilage des Deutschen Volksblattes zu Nr. 5465 gleich am folgenden Tage (23. März 1904): über eine lange Reihe von Festgästen, die Reden, namentlich vom Präsidenten der Deutsch-Österreichischen Schriftsteller-Genossenschaft (die die Mittel gesammelt hatte), und schließlich die Festrede Franz Christels, auf dessen Anregung hin es errichtet worden war.

In der Deutschen Zeitung vom 11. Juli *1905* berichtet Christel an-
läßlich der Herausgabe der «Briefe» des Dichters Fercher von Steinwand, wie dieser als Student, der seit 1850 in einem Zimmerlein ohne
Ofen hauste, mit ganz außerordentlicher Verehrung von einer
Schauspielerin spricht: Fräulein Neumann ist ihm die «verkörperte
Poesie», und daß es ihm ungemein wohltat, dann zu erfahren, daß sie
«auch außerhalb der Bühne viel sittlichen Wert» haben sollte. Fercher fügte hinzu: «Denn auf Erden trifft mich keine Enttäuschung
furchtbarer als die, welche mich zwingt, die vorgefaßte Meinung von
der sittlichen Reinheit eines Menschen aufzugeben.»

Wir müssen uns im Blick auf Fercher sorgfältig hüten, Begriffe wie
«deutsch», «völkisch», «national» und «menschlich» so zu verstehen,
wie sie 33 Jahre nach seinem Tode geschichtsbildend angewendet
wurden. In demselben Beitrag Christels lesen wir:

Fercher beklagte es, daß weder Goethe noch Schiller ein deutsches
Nationaldrama geschaffen haben. Der «Faust» sei kein Nationalwerk,
da er Eigentum der Kommentatoren geblieben wäre, und dem Volke
würde er ewig «Kaviar» bleiben. Schiller wieder habe sich in die Gärten von Aranjuez, nach St. James, in den Kreml und auf die Insel
Malta geflüchtet. Kleist und Grabbe hält Fercher für die größten Dramatiker unseres Volkes. Ausgezeichnet sind seine Bemerkungen
über das deutsche Lustspiel. Er nimmt Kotzebue in Schutz, bei dem
«jeder Buchstabe eine deutsche Spießbürgerwelt enthält». Gewisse
Dichter, die das Volk «seine» Dichter nennt, seien es gewissermaßen
gar nicht. «Sie werden nicht durch das Volk groß.» Christel fährt
fort:

«Vorübergehend beschäftigt auch unseren Dichter eine Lustspiel-
idee. Er will das allegorische Stück ‹Bewerbungen der Urköpfe› nennen. Wahre und eingebildete Genies bewerben sich um eine reiche
Waise, Germania, die, wie sich am Schluß enthüllen soll, die Mutter
aller Bewerber ist. ‹Im Charakter der Dame› – so führt er aus – ‹sollen
alle Fehler und Tugenden des deutschen Volkes dargetan und gezeigt
werden, auf welchem Wege sie am leichtesten zu gewinnen ist (ob
durch Anmut – Goethe, ob durch Sentimentalität und Ideal – Schiller,
ob durch Sturm – Grabbe und so weiter) ... Nebenher dürften sich
köstliche Konflikte mit den eingebildeten Genies anbringen lassen.›
Indessen, der tragische Nerv, der ihn beherrscht, läßt es zur Verwirk-
lichung des Planes nicht kommen. Seine Entwürfe sind kühn. ‹Ich

versetze mich› – berichtet Fercher – ‹immer mehr in die Geschichte hinein, und hab' ich das Leben oder besser: hätt' ich eine Existenz, mit der ich halbwegs zufrieden sein könnte, so sollte die Periode von dem letzten Karolingischen Ludwig bis Rudolf von Habsburg bald neugeboren und großartig dastehen.›»

Zum Reichsgedanken, zu den deutschen Kaisern vor den Habsburgern hat Fercher eine eigentümliche Beziehung. Christel schreibt weiter, und diese Gedanken wird man heute, nach über 80 Jahren, überprüfen müssen, wenn man dem Dichter gerecht werden will:

«Mit großen Hoffnungen, die ab und zu wohl auch dem Gefühl der Niedergeschlagenheit weichen, vollendet er sein Trauerspiel ‹Drahomira›. Selbstbewußt verkündet er: ‹Handlung überhaupt ist genug in dem Stück und auch eine Tat, und zwar eine größere als in allen Schillerischen und so manchen Shakespeare-Dramen, der Triumph einer Nation über die andere, der Sieg einer Religion über die andere.› Freilich gesteht er, daß manches nach der lieben rohen Natur riecht, ‹aber› – fügt er bei – ‹das muß man mitnehmen, wenn man nicht Gipsfiguren à la Hebbel bekommen will, die zwar auch meistens ein eigentümliches Gepräge haben. Aber wo ist der robuste Arm dieser Gestalten, der uns an Hüft' und Seele packt und uns zudonnert: Mensch gedenke, daß du eine Pfütze bist, daß du aber dein besseres Ich nicht mit in die Pfütze ziehen sollst!›...

Die Kritik über Hebbel dürfte heute kaum einem Einwand begegnen, wohl aber erweist sich das, was er über sein Erstlingswerk sagt, als ein Irrtum, sofern man es als Drama betrachtet. Wohl gebricht es ihm nicht an dramatischem Leben, aber die ‹unbühnlichen Längen›, von denen er selbst einmal spricht, beeinträchtigen doch den Gang der Handlung zu sehr, und Schwerfälligkeiten aller Art, die der Jugend des Verfassers anhaften, nicht zuletzt die schwankende Form – bald längerer jambischer, bald kurzer trochäischer Vers, bald Prosa – lassen die ganze Schöpfung zweifelhaft erscheinen. Einzelne Teile jedoch sind von hinreißender Schönheit, und der Grundgedanke, eben das, was er als ‹Tat› bezeichnet hat, ist ein sprechender Beweis für den echten Tragiker, als den er sich, klassisch ausgereift, in seinem preisgekrönten ‹Dankmar› und in dem das Schicksal Grabbes veranschaulichenden, vielleicht noch wirksameren Stücke ‹Ein Prometheus› zu fühlen gibt. Man darf gespannt sein, ob das Burgtheater die langjährige Ehrenschuld an den Dichter endlich tilgen und für eine Aufführung des ‹Dankmar› und des ‹Prometheus› sorgen wird. Man sollte glauben, daß ein Stück wie das erstere, das Halm in den Spielplan unserer Hofbühne aufzunehmen gedachte und das Feodor Wehl, der spätere Generalintendant des Stuttgarter Hoftheaters (1868), in den ‹Blättern für literarische Unterhaltung› (Nr. 19) anerkennend würdigte, doch des Versuches einer Darstellung wert wäre.»

Von 1915 bis 1923 ist es *Rudolf Steiner*, der immer wieder auf Fercher hinweist. Er hatte ihn schon 1888 in seinem Wesen erkannt.

Daß Fercher in seinem Eigenwesen, in seinem Ich, geradezu ein Träger des deutschen Volksgeistes wird, repräsentativ für das eigentliche deutsche Wesen – im Gegensatz zu dem Zerrbild, das die Feinde der Mitte Europas hingestellt haben, um diese Mitte zu bekämpfen –, dieses Motiv kehrt immer wieder.

Im Vortrag «Die verjüngenden Kräfte der deutschen Volksseele» spricht er von der «innerste[n], intimste[n] Eigentümlichkeit, wie im deutschen Geistesleben Volksseelentum und Einzelmensch zusammenwirken» und bringt als charakteristisches Beispiel Sätze deutscher Denker, die geradezu unübersetzbar sind in westeuropäische Sprachen, darunter den von Fichte: «‹Der Deutsche will nicht im abgeschlossenen Sein verharren, er will immer *werden.*› Der Deutsche betrachtet also sein Volkstum als etwas, was er als ein Ideal ansieht, dem man nachstrebt»; ein Italiener, ein Franzose *ist* man, ein Deutscher *wird* man.

Steiner schließt den Vortrag: «Heute aber möchte ich... zusammenfassend die Betrachtung, die ich über die deutsche Volksseele im Verhältnis zu anderen Volksseelen angestellt habe, beschließen mit den Worten, die ein wenig bekannter österreichischer Dichter gesprochen hat, der aus wahrhaftig deutschem Gemüte, möchte man sagen, aus einem Zwiegespräch mit der deutschen Volksseele heraus im Jahre 1881 seine ‹Deutschen Klänge aus Österreich› hat erscheinen lassen.» Da «finden wir ein Gedicht, welches so recht zeigt, wie lebendig sich der einzelne Deutsche darinnen fühlen kann in dem, was lebt und webt, stets verjüngend das deutsche Wesen, als die deutsche Volksseele. Wie in einer Vision tritt dies vor uns hin. Wie wenn alle diejenigen, welche sich dafür interessieren, zum Kyffhäuserberg hinkommen, um als Gäste zu schauen das Mysterium... des darinnen ruhenden Kaisers Barbarossa, der die Kraft des deutschen Wesens im verborgenen wie ein Mysterium hält. Und einer der Gäste, die da

kommen, ist für Fercher von Steinwand der deutsche Geist: jener
Geist, wie gesagt, den auch Fercher vor Steinwand, der Dichter der
‹Deutschen Klänge aus Österreich› empfindet als den Geist, der die
Seele des einzelnen Menschen stets verjüngt, weil er dahinein stets
scheinen läßt dasjenige, was da spricht aus der Sternenwelt, aus Son-
nen und Monden; den Geist, der zum Herzen spricht im intimsten
Sinne, weil er von den Weiten des Weltalls spricht; diesen deutschen
Geist, diesen verjüngenden deutschen Geist, ihn läßt der deutsche
Dichter aus Österreich, Fercher von Steinwand, mit Worten sprechen,
in die ich dasjenige zusammenfassen möchte, was ich in Empfindungen heute anzudeuten versuchte über den deutschen Geist, gerade aus
der Vergleichung heraus mit anderen europäischen Volksgeistern:

> Was aus den Rätseln dieser Erde sprießt,
> Was Herzen findet, was die Geister meistert,
> Was ewig sprechend aus den Sternen fließt
> Und einen untäuschbaren Gott erschließt,
> Was scheinbar sich aus Zeit und Welt verloren
> Und doch um uns in tausend Strömen schießt:
> Das ist dem deutschen Geist urmächtig eingeboren,
> Das klar hinauszusagen hat er bewußt geschworen!»[68]

Auf «den außerordentlich bedeutenden Dichter Fercher von Steinwand» weist Steiner am 9. Dezember 1915 hin und betont, daß dieser
«so recht ein Kind der österreichischen, sogar der südösterreichischen
Berge ist; ein Kind des Kärntnerlandes, das hoch in den Kärntnerber-
gen geboren ist und durch einen inneren geistigen Drang sich bewo-
gen fühlte, herunterzusteigen in die Bildungsstätten..., der aus so
innigem Gemüt heraus alles zu gestalten verstand, was Menschen-
seelen bewegt und bewegen kann, er wußte sich auch zu erheben mit
seiner Dichtung in die Höhen, wo der Menschengeist zu erfassen versucht, was im innersten Weltenweben lebt und wirkt».[69] Er trägt als
Beispiel den Anfang vom «Chor der Urtriebe» vor bis zu der Stelle:

> Droben bewegt sich's wie Geisterumarmung,
> Wir in Erwarmung,
> Wir auch gewinnen,
> Suchen und sinnen,
> Sehn uns gehoben,

Höchstem Beginnen
Glücklich verwoben.
Die uns umwehen,
In uns entstehen:
«Ihr seid's, *Ideen!* –»

Zu dieser Stelle schreibt Rudolf Steiner *1916*: «So sinnt sich des Dichters Seele in das Erleben hinein, wo des *Weltengeistes Ideen* des Daseins Geheimnisse dem Seelengeiste künden und der Seelengeist die übersinnlichen Gestalter des sinnlich Gestalteten schaut»,[70] während der Dichter dann im Chor der Weltenurtriebe die Schauungen der Seele in glänzenden, tönenden Bildern darstellt. Wir besinnen uns, daß Plato aus einem (verblassenden) Hellsehen heraus mit «Ideen» im Grunde dasselbe meint, was man in der christlichen Esoterik die (untere) «Hierarchie geistiger Wesenheiten» nennt, die Steiner dann später beschreibt.

Doch auch die Ausgangspunkte haben viel gemeinsam: Steiner fragt im genannten Vortrag: «Wie konnte in Fercher von Steinwands Seele jenes innige Band gewoben werden, das ihn doch verknüpfen mußte – und es hat ihn wirklich verknüpft – zwischen dem Drang seiner Seele, der erwachte in dem einfachen Bauerbuben aus den kärntnerischen Bergen, und zwischen dem, was in der Blüte deutscher Weltanschauungsentwickelung die größten idealistischen Philosophen von ihrem Gesichtspunkte aus zu erstreben suchen?» und schildert dann, wie «der gute *Edlauer*» unter dem Deckmantel «Naturrecht» über *Fichte, Hegel* und *Schelling* gesprochen hat, die damals in Österreich geradezu verboten waren. «Ganz unabhängig davon, was sich an der Oberfläche abspielte, lebte sich also in diesem Zusammenhang mit höchstem geistigen Streben eine Persönlichkeit ein, die da nach einem Weg in die geistigen Welten suchte.»

Dort hat also Fercher seine Geistesfackel entzündet.[70a] Steiner selbst aber hat in seiner Doktorarbeit die Grundlage für die Darstellung seiner Geistesforschung gelegt; ihr ursprünglicher Titel war «Die Grundfrage der Erkenntnistheorie mit besonderer Rücksicht auf *Fichtes* Wissenschaftslehre» (Rostock 1891).[71]

In den acht Vorträgen «Entwicklungsgeschichtliche Unterlagen zur Bildung eines sozialen Urteils» warnt Steiner vor der Einschläferung des allgemeinen Bewußtseins durch gewisse «Theater-Politiker» und spricht im Gegensatz dazu von Fercher als «einer von den Individualitäten, die wirklich aus dem Volkstum heraus in Mitteleuropa entstanden» [72] sind, und weist deutlich auf dessen Dresdener Vortrag über das Zigeunerschicksal hin, das die Deutschen vom Westen her bedroht. Er weist am 14. Dezember *1919*, als er von der Verantwortlichkeit spricht, die das englisch-amerikanische Wesen durch den Sieg über die Mitte übernommen hat, wieder auf den Zigeunervortrag hin. [73]

Als Steiner seit 1912 die neue Kunst der Eurythmie entwickelt, wählt er auch wiederholt Gedichte Ferchers für die eurythmische Darstellung auf der Bühne: 1915, 1921, 1922 und 1923. [74] Der Zeitpunkt aber für die Aufführung der *Chöre* ist so auffallend gewählt, daß wir die zeitgeschichtlichen Daten anführen:

Am 9. November 1918 gibt Steiner die ersten «Formen» (choreographische Angaben) für die «Chöre der Urtriebe» und für die Sprüche des «Seelenkalenders». Am gleichen Tag wird in Berlin die Republik ausgerufen, und Kaiser Wilhelm II. dankt ab.

Für Österreich dankt Kaiser Karl I. am 11., für Ungarn am 13. November ab, nachdem am 12. November die Revolution in Österreich stattfand.

Am 14. November wird Masaryk Präsident der neugeschaffenen Tschechoslowakischen Republik.

Steiner kommt am 17. November auf die Fercherschen Chöre zu sprechen: Es ist wesentlich, daß die Kunst des *Rezitierens* gepflegt wird; es ist nicht einfach ein «Vorlesen», das auch an einem anderen Zeitpunkt angesetzt werden könnte. [75]

Am 23. und am 24. November rezitiert Marie Steiner zunächst die «Chöre der Urtriebe» (da das gleichzeitige Betrachten der eurythmischen Darstellungen noch zu schwierig wäre).

Am 30. November und am 1. Dezember 1918 ereignet sich die erste eurythmische Darstellung der Chöre zur Rezitation von Marie Steiner (zwölf «Gesänge»).

Ein geistiger Neubeginn im äußeren Zusammenbruch!

Rudolf Steiner wurde somit nicht nur zum Entdecker Fercher von Steinwands in dessen Eigenart, sondern auch zum Erwecker seiner Werke für unsere Zeit. Denn sie werden im Zusammenhang mit Eurythmie oder Sprachgestaltung am Goetheanum und in den Waldorfschulen des deutschen Sprachgebietes immer wieder gepflegt.

Im übrigen aber wird Fercher fast nur beachtet, wenn eines der üblichen «Jubiläen» dazu den Anlaß gibt. Da müssen wir uns aber doch fragen: Warum pflegt man eigentlich gerade die 25., 50., 60., 65., 70. Wiederkehr eines Ereignisses zu feiern? Warum die Vielfachen von *fünf*?

Ist das eine Erinnerung an die Steuereinschätzung und das nachfolgende große Reinigungsfest, das die Römer seit dem sechsten Jahrhundert v. Chr. alle fünf Jahre auf dem Marsfeld feierlich begingen? So ein «Lustrum» (Reinigungsopfer) wurde geradezu zur Maßeinheit für «fünf Jahre». Oder ist es nur die Bequemlichkeit, weil wir, an das Zehnersystem gewöhnt, diese Rhythmen einfach im Kopf berechnen?

Für die *Entwicklung* aber ist der *Siebener*-Rhythmus viel wichtiger, wie Steiner in seiner Menschenkunde vielfältig dargetan hat.[76] Die Juden feierten jedes *siebente* Jahr als «Sabbatjahr», in dem von israelitischen Schuldnern keine Schuld eingetrieben wurde. Später begingen sie gar das sieben-mal-siebente Jahr als «Jubeljahr» (Posaunenjahr), das sie im folgenden Jahre besonders feierten. So gesehen wäre hinter der dekadischen Zahl *50* auch ein Siebenerrhythmus versteckt.

Und wie steht es um die Jahrhundertfeiern? Steiner war wohl der erste, der auf den Rhythmus von *33* (oder 33 ⅓) Jahren deutlich hinwies: zuerst in seinem Vortrag «Et incarnatus est» und dann in weiteren Vorträgen mit vielen Beispielen aus der Geschichte, bei denen gleichsam ein Keim gelegt wurde, der erst nach dieser Periode eine Art Auferstehung erlebt.[77] Im Vortrag vom 26. Dezember 1917 spricht er von Handlungen, die man nicht für sich, sondern für *andere* macht: «... ich mache dem andern ein Paar Schuhe; da wirke ich schon sozial. Das ist ein sehr elementarer Vorgang. Von diesem Elementarvorgang bis hinauf zu den großen politischen und sozialen Maßnahmen ist ein weiter Weg, aber alles, was auf diesem Wege liegt, gehört in das Gebiet des also nach dreiunddreißig Jahren recht wirksam Werdenden. Und dann, wenn gewissermaßen ein solcher Keim, der gelegt worden ist, ausgereift ist, dann wirkt er weiter. Eine Menschengeneration von dreiunddreißig Jahren reift einen Gedankenkeim, einen Tatenkeim aus. Ist er dann ausgereift, so wirkt er durch sechsundsechzig Jahre weiter noch im geschichtlichen Werden. Man erkennt die Intensität eines Impulses, den der Mensch ins geschichtliche Werden hineinlegt, auch in seiner Wirksamkeit durch drei Generationen, durch ein ganzes Jahrhundert hindurch.»[78]

Wieder enthüllt ein scheinbar dekadischer Rhythmus andere Rhythmen und eine ganz andere, spirituelle Ursache, die im Wesen der Entwicklung begründet ist. So bieten vielleicht die konventionellen Feiern doch manchen Stoff für weitere Forschung.

Die *Kärntner Landsmannschaft* kommt, hundert Jahre nach seiner Geburt und 25 nach seinem Tode, wiederholt auf den Dichter zu sprechen. Sie dankt in ihrer Zeitschrift Prof. Dr. Hans Paul Meier für seine Festrede, die mit viel Vorarbeit verbunden war; sie berichtet, daß der Direktor der Studienbibliothek, Dr. Max Pirker, eine Rede verfaßt habe, die mit Gedichten im Rundfunk gesendet wurde, und weist auf den jungen Fercher-Biographen Prof. Dr. Ernst Winkler, Lienz, hin, dessen Dissertation über den Dichter *(1925)* in 1000 Exemplaren bei Kleinmayr, Klagenfurt, erschien.

Straßen werden nach Fercher benannt: in Wien-Hernals, in Klagenfurt und Villach. Die Landsmannschaft veranstaltet eine festliche Morgenfeier im Stadttheater Klagenfurt und hat den Bildhauer *Josef Kassin*, der das Ehrenmal in Wien geschaffen hat, eingeladen, nun einen Gedenkstein für den Dichter zu entwerfen. Kassin dankt erfreut am 2. Februar *1927* und fragt, ob es freistehend oder als Wanddenkmal gewünscht wird.

Dieses Denkmal kommt aber nicht zustande. Es wird vielmehr vorgeschlagen, eine «Fercher-Schule» an der Steinwand zu bauen, weil die Kinder einen gefährlichen Schulweg von ein bis drei Stunden Länge haben und nur 65 Prozent die Schule unten in Stall besuchen können. Schulinspektor Türk setzt sich dafür ein und findet viel Anklang. *1932* wird die Schule tatsächlich eröffnet (Archiv der Kärntner Landesregierung, KLM Nr. 169). Sie wird heute noch mit zwei Klassenzimmern für die sechs- bis achtjährigen und die neun- bis 14jährigen Volksschüler geführt.

Zum 100. Geburtstag am 22. März *1928* schreibt *Dr. Max Pirker* ein Feuilleton, in dem er besonders hervorhebt, daß es eine kärntnerische Vereinigung ohne parteipolitische Einstellung war (eben die Landsmannschaft), die den entscheidenden Schritt zur Wiederentdeckung getan hat, weil Fercher wie jeder alpenländische Dichter von Format, wie Peter Rosegger und heute Max Mell, von tiefsinniger Religiosität erfüllt war, aber doch jener versunkenen Zeit eines von nationalen Idealen erfüllten Liberalismus entstammt, der vom Wesen des Jahres 1848 untrennbar ist. Er berichtet ferner, gestützt auf Ferchers Jugendfreund Egger von Möllwald, daß der Dichter schon als Student an das mehrhundertbändige Roman- und Ritterdramenwerk des Wiener Theaterdichters Josef Gleich, Raimunds Schwiegervater, geraten ist und später gerne Wiener Vorstadttheater besucht hat.

Fercher freilich urteilte damals: «Mir kam's vor, als lebt' ich in der Zeit der Tierhetzen. Das Publikum wieherte, das versteht der Lerchenfelder, denn seine Urkraft ist unverwüstlich. Ich will ein Esel heißen, wenn in diesem Volk nicht Shakespeare und Plautuse in Fülle stecken.» Fercher «bedauert, daß dieses Volk nur Bildungsdichter, die aus fremder Sphäre kommen, hat und ahnt wohl nicht, daß er sich als Dramatiker selbst das Urteil gesprochen hat. Er selbst ist der aus philosophischen Regionen, vor allem aus dem luftleeren Bezirk Hegelscher Dialektik, nie völlig zur Erde herabgestiegene Gedankendichter. Es ist das typische nachmärzliche österreichische Schicksal: bei reichster Veranlagung zum produktiven, unbekümmerten Theaterdichter wird er auf den steinigen Weg des Intellektuellen abgedrängt. Daher sind Ferchers Dramen, denen es nicht an einzelnen packenden, sogar dem in Altersverbitterung geschmähten Realismus und Naturalismus mangelt, Buchdramen geblieben.»

Pirker fährt fort: «Ein Grabbe-Drama ‹Prometheus› fällt durch einen erschütternden Erlebniston, der die zerrüttete Gestalt des nächst Kleist über alles geliebten Dichters umwittert, aus der Reihe der historisierenden Epigonendramen Ferchers, die die versunkene Welt der Salier und Staufer schattenhaft beleben. Es ist unzweifelhaft eine innere Verwandtschaft mit Grabbe vorhanden, eine ursprünglich dämonische, späterhin krankhaft abgeblaßte, vergeblich nach festeren Formen ringende Veranlagung, die sich zunächst lyrisch entlädt. Diese Jugendlyrik Ferchers ist für denjenigen, der sich seinem Lebenswerk nicht als Spezialforscher, sondern als unbefangener Leser und Beurteiler nähert, eine freudige Überraschung. Denn sie rückt Fercher aus dem papierenen Zettelkasten in das flutende Leben unserer Zeit. Es sind vor allem drei längere rhapsodische Gedichte, die dem Expressionismus überraschend nahestehen, in denen sich jedenfalls ein Tempo und ein Lebensgefühl ankündigt, das in der Entwicklung der Lyrik ebenso vereinsamt dasteht wie Georg Büchners ‹Woyzeck› unter den jungdeutschen Dramatikern. Da ist der ‹Lawinenritt›, in dem die Lawine der Geschichte, der Hegelsche Weltgeist, eine völlig im expressiven Sinne ‹geballte› Gestalt angenommen hat. Noch grandioser, aber auch viel unzugänglicher ist der ‹Eisenbahnzug›, der Sapirs Spottlust weckte. Das Phänomen des dahinrasenden Zuges wird mit einer Fülle von Bildern, die den Gesamteindruck grandioser, dämonischer Bewegung machen, geschildert:

‹Glutforelle ward das grause,
Ward das stramme Kraftgemisch,
Gräserwellen, Blumen, krause,
Überschnell der Riesenfisch.
Der beflissen und entschlossen
Aus dem Eisengolf sich schwenkt
Und sich mit den Räderflossen
An den Achsenschultern lenkt.›

«Dieses Gedicht», fährt Pirker fort, «hat Winkler nicht in seine sonst gut gewählte Auswahl aufgenommen, hingegen ist es verdienstvoll, daß er ‹Das Pferd in der Rennbahn› bringt, das 1854 im ‹Wanderer› erschienen ist und dem Herausgeber der gesammelten Werke (im Verlage Daberkow, Wien 1904) augenscheinlich so unheimlich war, daß er es ausschloß. Die Architektur des bewegten Pferdekörpers wird mit souveräner Bilderfülle vor dem atemlosen Leser entrollt, das usuelle Erlebnis der Pferderennbahn wird zum Weltkreis erweitert. Es ist klar, daß eine solche ganz auf Ausdruck eingestellte Kunst in einer Zeit des klassischen Epigonentums nicht auf Verständnis rechnen durfte.»

Pirker schließt, nach einem Hinweis auf Ferchers gewaltiges episches Bemühen, mit den Worten: «Es war ein guter Gedanke des Biographen und Herausgebers, in seiner Anthologie, die wohl das Fercherbuch unserer Zeit darstellt, das Faßliche und das Lebendige zu bevorzugen, vor allem auch die Gedichte uns wieder nahezurücken, in denen das mannhafte deutsche Empfinden des bescheidenen Weggenossen eines Anastasius Grün und Ferdinand Kürnberger zum Ausdruck kommt.»

Die «Neue Freie Presse» brachte am 22. März 1928 einen sachlich ziemlich ungenauen Bericht, der aber mit einer persönlichen Erinnerung der Verfasserin, Lilly Klaudy, beginnt: «In meine Kindheitserinnerungen herein ragt, schlank und hochgewachsen, die Gestalt eines alten Herrn von eigenartig interessantem Äußern. Mit seinem mähneumwallten, starkknochigen Gesicht, der mächtigen gedankenvollen Stirn, dem herbgeschlossenen Mund, der sich in Halbmondform nach abwärts krümmte, gemahnte er lebhaft an die bekannten Beethoven-Porträts; die weiße Halsbinde, die niemand außer ihm in Wien sonst trug und die so unbekümmert die Mode des Tages verneinte, verlieh ihm etwas seltsam Abseitig-Zeitloses. Geheimnis des Wunderbaren, die Ausstrahlungen der schöpferischen Gnade, die ihm innewohnte, umwitterten ihn, zwangen den Fremden, aufzuschauen, aufzuhorchen, geboten Respekt. – Dieser Mann war nämlich ein Dichter. Und weil er ein Dichter war, darum blieb sein Herz, solange es schlug, ein Kinderherz, voll von Reinheit, Demut und Güte, und doch konnte er mächtigen Einfluß üben auf eine ganze große Menschenschar, die den Gesängen seiner Leier teils frohgemut, teils in Ergriffenheit lauschte. – Fercher von Steinwand hieß der alte Herr. Er war scharmant. Und manchmal fügte es sich, daß er zu plaudern begann und dann in seiner geistvoll lebendigen Art von sich, aus seinem Leben erzählte...»

Namens des *Akademischen Kärntner Vereins* sprach am 25. März 1928 Hofrat Dr. Michael Skubl am Ehrengrabe in Wien und zitiert dabei eine Stelle aus Ferchers Drama «Prometheus»:

> Hoch wächst am Fels die Eiche, lautlos, langsam.
> Es tost die Menge blind die Straß' entlang;
> Vielleicht nach mehr als hundert Jahren erst,
> Wenn jene als ein Baum von Macht und Weihe,
> Vom heiligen Blitz bezeichnet, donnernd stürzt,
> Entdeckt das Volk, daß es, im Staube wandernd,
> So lange einen Riesen übersehen.

In einer unbekannten Zeitung finden sich die ersten vier Spalten eines Feuilletons vom März *1928*:

*Ein doppelter Ehrentag des Kärntner Benediktinergymnasiums*
«Der 100. Geburtstag eines mit dem Dichterlorbeer geschmückten Schülers, der 50. Geburtstag eines von der Muse der bildenden Kunst gesegneten Lehrers.»

Gemeint sind *Fercher von Steinwand* und der durch seine Holzschnitte bekannt gewordene *Switbert Lobisser* (der damals als Pater in St. Paul Malen und Zeichnen lehrte) Der Schreiber berichtet von den frühen Erfolgen Ferchers als Schüler in Klagenfurt und bedauert, daß er sich nicht entschlossen habe, selbst Benediktiner zu werden, denn er «wäre St. Pauls berühmtester Ekkehard geworden, er, der als der größte Kärntner Dichter des 19. Jahrhunderts gilt, der sich selbst als Dramatiker einem Grillparzer und Hebbel an die Seite stellte und als Tragiker freilich auch die bittere Wahrheit des Hebbel-Wortes an sich erfahren mußte: ‹Was soll ein Tragödienschreiber anders sein als ein Tragödienheld?› Als Mensch von einem unbezwingbaren Adler-Optimismus und als dichterischer Vertreter der ethischen Ästhetik unserer Klassiker ist Fercher von Steinwand eines der leuchtendsten Schülerideale, die das Kärntner Benediktinergymnasium seinen gegenwärtigen Studenten aus der Reihe ihrer Ahnen vor Augen führen kann, wie es dies... im Theatersaal des St. Pauler Gymnasialkonviktes in der eindrucksvollsten Weise getan hat. Hiebei zeigte Abiturient Schießel in seiner von jugendlicher Begeisterung durchpulsten Gedenkrede hauptsächlich jene Wechselfälle und Schicksalsschläge aus dem Leben des Studenten- und Musenfreundes auf, die die Größe und Erhabenheit des Menschen und Dichters Fercher von Steinwand am grellsten beleuchten und das gezeichnete Lebensbild mit der Glorie des Ideales umgaben. Eine neben dem Redner aufgestellte, vom Septimaner[79] Niederdorfer, einem hochbegabten Lobisser-Schüler, ausgeführte und mit einem Eichenkranz geschmückte Kopie des Benderschen Fercherbildes aus dem Jahre 1852 erbrachte gleichzeitig den Beweis, daß Ferchers schöne Seele auch in einem apollinisch-schönen, an Schiller erinnernden Körper wohnte.»

Einzelne Schüler der vierten bis siebenten Gymnasialklasse schilderten dann, wie vorbildlich sich Fercher jeweils in ihrem Alter verhalten hatte, und rezitierten ausgewählte Gedichte.

«Eine Vorstellung von Ferchers dramatischer Kunst sollte der versammelten Schul- und Festgemeinde vermittelt werden durch die Aufführung des dritten Aufzuges von seinem preisgekrönten Trauerspiele ‹Dankmar›, weil gerade dieser Akt den Feldherrngeist des Dichters wie auch die Vorzüge und Schwächen des Werkes – den Glanz der Sprache und die epische Breite – deutlich erkennen läßt und in seinen bühnentechnischen Anforderungen nicht über die Leistungsfähigkeit eines Anstaltstheaters hinausgeht. Die Vorzüge und

Schwächen des Werkes bedeuten in diesem Falle Schwierigkeiten für die Darsteller, besonders für die Träger der Rollen des Prinzen», des Titelhelden Dankmar und des Herzogs. «Doch unter der sachkundigen» (hier endet das Fragment).

1928 schrieb *Friedrich Lemmermayer* in der Wochenschrift «Das Goetheanum» ein «Erinnerungsblatt» zu Ferchers hundertstem Geburtstag. Der Jugendfreund Steiners geht dabei vom Johannes-Prolog aus und fährt fort: «Die Bedeutung des Wortes offenbart vor allem die Dichtung. Sie lebt vom Wort. Das Wort ist für sie das Hohe, das Einzige, das Höchste. Zu den genialen Wortkünstlern gehört der österreichische Dichter, dem diese Blätter gewidmet sind.»

Er erzählt dann, daß er auf den «gänzlich Unbekannten» erst durch Hamerlings Gedicht «Nicht schäme dich der dunklen Zorngewitter...» aufmerksam geworden sei. «Ich liebte Hamerling. Kein Wunder, daß mich die vorhin angeführten Strophen anzogen und mir den so liebreich Besungenen von vornherein nahebrachten. Manches von ihm lernte ich kennen und endlich ihn selbst. Er war hager. Seine Augen waren dunkel, klein und klug, das Gesicht durchgeistigt. Er war nicht frei von einer bescheidenen Eitelkeit, wie schon das angenommene Adelsprädikat beweist; aber sie war nicht aufdringlich, nicht geschmacklos und noch mehr. Sein Dichterkopf mit dem üppigen schwarzen, gekräuselten Haar stimmte zu dem jugendlichen Wesen, das er sich ins Alter hinein bewahrte. Seine Gedichte sind in schwer wuchtenden Versen geschrieben und schwer verständlich, großzügig, mit drängenden Ideen angefüllt, gedrungen in der Sprache, spröd wie Stahl, ohne Konzession an Geschmack und Mode, kosmogonisch, philosophisch. Es gefiel ihm, Felsen auf Felsen zu türmen – unter Felsen war er aufgewachsen. Aber die Sinnenfälligkeit fehlt seinen Sachen, realistische Menschengestaltung lag ihm nicht. Jenes Element war bei ihm etwas zu kurz gekommen, das ich das Weibliche nennen möchte, das Weiche, Zarte, Gefühlsmäßige. Er ist in seinen Gedichten von ungefüger Männlichkeit, die sich nicht selten zu Herbigkeit steigert. In erster Linie ist er Geistdichter. Das Problem, die Ideenhaftigkeit drängt sich ein in das dichterische Gebilde. Und so blieb er unbekannt. – Mir war Fercher merkwürdig als Dichter und lieb als Mensch.»[80]

Und nun erzählt er von dem «Kreis von jungen Leuten, dem auch Rudolf Steiner angehörte», zitiert aus dessen Lebensgang die Stelle über Fritz Lemmermayer und die ausführliche Schilderung, wie sie den greisen Fercher aus dem Gasthaus holten, der dann fast regelmäßig zu ihren Abenden kam.

Als sich drei bis vier Jahre später der Wunsch ergab, der losen Vereinigung eine festere Grundlage zu geben, gründeten sie eine literarische Gesellschaft, die sich nach Ferchers Vorschlag *Iduna* nannte und deren Ehrenpräsident er wurde. Aus dem Artikel, den der *Dichter* aus diesem Anlaß schrieb, zitiert Lemmermayer unter anderem die Stelle: «Man konnte zunächst nicht behaupten, daß eine gesicherte Freundschaft oder die Gewohnheit einer langen Bekanntschaft es war, deretwillen sich die Mitglieder vom Reiz des häufigen Wiedersehens beherrschen ließen. Nein. Es war ganz anders. Jeder Einzelne war in seinem Innern lebendig durch ein sittliches Wollen, lebhaft durch einen warmen Trieb und bewegt durch ein gehobenes Sinnen und Denken. Sollte dies nicht andeuten, daß man unter der Leuchte eines guten Geistes versammelt war? Wenn es sich so verhielt, so konnte der gute Geist gewiß auch mitten unter den Versammelten gewesen sein. Warum nicht?... Eine Verbindung stand unter den Besuchsfreunden fertig da ohne Schwur und Handschlag, vorläufig ohne Eingeständnis und Namen, jedoch fertig im Namen des Ideals deutscher Art, jenes Ideals, dessen Entheiligung gegenwärtig absichtlich versucht wird. Absichtlich versucht – aber, und so steht der Glaube, versucht von Menschen, welche gemäß ihrer Natur auch *ihre* Selbstentheiligung nicht scheuen und die Beschmutzung ihrer Seele als den Beruf ihres Lebens ansehen.»[81]

Lemmermayer fügt hinzu: «So Fercher im Jahr 1892. Ich teile diese strammen Sätze mit, weil sie des Mannes Art und Kunst treulich spiegeln und wesenhaft sind für den unter uns obwaltenden Geist, der ja vor allem auch Rudolf Steiners Geist war.» Er schildert dann noch Fercher als «Sprachkünstler» durch die Art, wie er rezitierte, und mit Beispielen aus seinen Werken und krönt seine Darstellung mit dem Hinweis auf eine kaum beachtete Stelle aus dem «Geisterzögling»: «Die Dichtung zeigt, daß ihr Schöpfer Einblicke hatte in die geistige Welt. Die Eingangsverse lauten»:

> Ich singe nicht die Waffen und den Mann –
> *Des Menschen Seele* sing' ich und *ihr Werden,*
> Und nur die *Selbsterlösung* steht mir an.

Die Worte Vergils, der Dante von der Schwelle zur Unterwelt führt? Nein – die Worte Vergils, der die Aeneis begann mit den Worten:

*ārma virūm* que canō Troiāē qui primus ab ōris
ītaliām *fatō* profugūs Lavīniaque vēnit
lītora,...

(*Waffen* künde ich únd den *Mann*, der als érster von Troja *schicksalgesandt* auf der Flucht nach Itálien kam und Lavíniums Küsten...)

...diese Worte erscheinen verwandelt, wenn Fercher den Weg beginnt hinauf in die geistige Welt!

Ein Schicksalshinweis ist es, mit dem Lemmermayer die Rückschau beschließt: «Fercher von Steinwand war Idealist im Sinne Platos, dessen Ideal im Leben und Wirken war die Ausübung des Wahren, Guten und Schönen; und ihm ist unser Freund innerlich nahegestanden. Er war eine griechische Natur im Geiste des göttlichen Hellenen. – Ich weiß, damit ist viel gesagt und viel ungesagt; und viel hat uns Fercher gegeben. Und wir hinwieder geben ihm, dem Vereinsamten, die Gewißheit, daß er als Mensch und als Dichter eine reiche Wirkung auszuüben vermochte; wir gaben dem Freunde eine neue Jugend.

Unsere Freundschaft wurde herzlicher mit den eilenden Jahren. Wir sagten uns du. Rudolf Steiner schätzte ihn ungemein und war ihm freundlich zugetan, zu gegenseitiger Freude. Und ein Freund dieses Idealisten gewesen zu sein ist auch mir Freude und gewährt mir Befriedigung noch in der Erinnerung.»

Im März *1928* erschien ein ähnlicher, kürzerer Beitrag von Lemmermayer in den Österreichischen Blättern für Freies Geistesleben, um einige Satiren erweitert. Dasselbe Heft bringt auch Ferchers Gedicht «Meine Ideale»[82].

Während Steiner an Ferchers «Ureigen» gezeigt hatte, wie man Gedichte mit vierzeiligen Strophen eurythmisch darstellen kann, gab er beim obengenannten die Form für ein vierzeiliges Gedicht, bei welchem die vierte Zeile ein Refrain ist (drei Eurythmisten schreiten im Dreieck, der vierte steht in der Mitte).[83] Dieses Beispiel ist besonders bedeutsam, weil Fercher den Kehrreim zunächst wiederholt, dann aber gewaltig steigert:

*Meine Ideale*

Ein einsam Haus voll Liebeswonne,
Ein Wald, ein Quell im grünen Tal,
Ein Lebenslauf in Lenz und Sonne,
 Das war mein Ideal.

Ein Freund mit einer deutschen Seele,
Für mich beseelt in Freud und Qual,
Für mich, auch wenn ich fall' und fehle,
 Das war mein Ideal.

Ein Weibchen in der eignen Stube,
In Wert und Willen treu wie Stahl,
Dazu ein kerngesunder Bube,
 Das war mein Ideal.

Ein hoher Meister, der mir kühle
Die Wahrheit mit dem Geistesstrahl
Hinuntersenkt in die Gefühle,
 Das war mein Ideal.

Ein Fürst mit Tatkraft in der Ader
Und Männer, nicht von Mißmut fahl,
Und wackre Herzen ohne Hader,
 Das war mein Ideal.

Wie gerne laß' ich sie entrauschen,
Die lieben Bilder allzumal,
Ich kann dafür ein höchstes tauschen,
 Mein liebstes Ideal!

Ein edles Volk, das sinnig waltet,
Das über jedes Leides Qual
Die Seele mutiger entfaltet
 Der Welt zum Ideal –

Ein Deutschland auf der Menschheit Zinnen,
Ein Säulenhort im Weltensaal,
Nach außen gußfest und nach innen,
 Sich selbst zum Ideal –

Verlierst auch *du* dich in den Fernen,
Mein Ideal von reinster Wahl:
Mit *dir* entwandl' ich zu den Sternen,
Mit *dir*, mein Ideal!

*1928* brachte C. S. Picht die «Kosmischen Chöre» neu heraus. Sie wurden wiederholt am Goetheanum durch Sprechchor oder eurythmisch dargeboten. Eine solche Aufführung gab *1935* für den Verfasser den Anstoß, sich mit Fercher zu beschäftigen.

Zum 40. Todestag berichtete E. Froböse von zwei Feiern, die verbunden waren mit einer Symphonischen Studie von F. Wörsching, angeregt durch die sieben Säulenmotive des ersten Goetheanum. Diese zeigen ja das Urbild einer Entwicklung, die zumindest in der *Stimmung* in den Fercherschen Chören anklingt. Froböse schreibt: «Nicht erst in den letztverflossenen Wochen stand die Dichterwesenheit Fercher von Steinwands im Vordergrund der Arbeit der redenden und musischen Künste am Goetheanum; Fercher von Steinwand gehört seit Jahrzehnten zu den großen Erziehern, wenn dieser Ausdruck erlaubt ist, für den Eurythmisten und Sprachgestalter. Denn wenn – um es mit einem Worte zu sagen – die Aufgabe der Goetheanum-Kunst darin besteht, den *kosmischen* Ursprung der Künste ins Bewußtsein der Zeit zu rücken, die ihn verloren hat, so zählt vornehmlich Fercher von Steinwand zu denjenigen Persönlichkeiten, die diese Sendung des Künstlers in voller Klarheit erkannten. Seine kosmogonischen Schöpfungen, der ‹Chor der Urträume› und der ‹Chor der Urtriebe›, legen beredtes Zeugnis für das Gesagte ab. Was wunder auch, daß seine Zeit achtlos an seiner leuchtenden Erscheinung vorüberging.»[84]

*1966* gab Heinrich O. Proskauer die «Kosmischen Chöre» heraus, *1977* «Gedichte und Aphorismen» und *1985* Gedichte, Aphorismen und die Chöre. Zur 150-Jahr-Feier *1978* und dann noch *1979* und *1980* erschienen Beiträge über den Dichter (siehe Literaturverzeichnis). *1978* erschien auch die erste Auflage des vorliegenden Buches.

# V. RÜCKSCHAU UND SPIEGELBILD

Bevor wir darangehen, eine Rückschau auf Ferchers Lebenslauf und eine Vorschau auf seine Nachwirkung in unserem Jahrhundert zu pflegen, sei noch ein Faktum erwähnt, das meines Wissens R. Steiner als erster und in großem Ausmaß nachgewiesen hat: daß sich wichtige geschichtliche Ereignisse – manchmal durch Jahrzehnte oder gar durch Jahrhunderte hindurch – an einem in diesem Zusammenhang wichtigen Zeitpunkt *spiegeln.*

So ist für den Übergang vom Sinnesbewußtsein zum Entdecken des Untersinnlichen (Elektrizität, Magnetismus, Motorkraft) einerseits und zum Erringen des Übersinnlichen (dem Spirituelles erfassenden Denken) anderseits das Jahr *1879* bedeutsam. Für die Entwicklung des Christentums aber durch die Jahrhunderte spiegeln sich wichtige Ereignisse an dem Jahre *333* n. Chr.

Für das Verhältnis von Fercher zu Steiner – vom Träger deutscher Geistigkeit zum Repräsentanten einer Menschheitsaufgabe, vom deutschen Idealismus zur Anthroposophie – bildet das Jahr *1902* eine Achse. Daß dieses Jahr 1902 in einer viel weiteren Sicht als Spiegelachse gelten kann, hat sich im Lauf der Jahre ergeben. Bedeutende Individualitäten wachsen eben über das Persönliche hinaus und erleben Weltprobleme gleichsam «im Modell». Beispiele seien im folgenden schematisch gegenübergestellt.

Es braucht nicht betont zu werden, daß man die Zukunft nicht durch solche Rückblicke «berechnen» kann; wohl aber kann man aufmerksam werden für gewisse Impulse, die, oft nach langem Ruhen, zu gegebener Zeit – verwandelt oder unverwandelt – an die Oberfläche kommen.

Fercher berührt den Gedanken der Wiedergeburt und spricht von «Dante, der die steile Felsenhöhle erstiegen».    *1902*

Fercher schreibt das Gedicht «Sonnenwiederkehr» («... ersetz' durch deine Leuchte die entwerdende Vernunft»).    *1900*
Steiner schildert im selben Jahr die Entwicklung der Philosophie im 19. Jahrhundert und stellt den nunmehr möglichen Wandel des Denkens zum Spirituellen hin dar.

Steiner weist bedeutsam auf Fercher hin und nennt ihn eine «deutsche Individualität».    *1890/91*
Fercher schreibt das Gedicht «Das Verhängnis» (der Mensch als Schöpfer seines Schicksals).

Steiner lernt, sofort tief beeindruckt, den Dichter kennen, gewinnt Einblick in dessen früheres Erdenleben und veröffentlicht dessen «Chor der Urtriebe»; er hält dann in Wien seinen ersten großen Vortrag. Fercher in Todesnähe.    *1888/89*

Ferchers Mutter, Pflegemutter und Beschützer (Dr. J. Burger) sterben; er zieht nach Wien.    *1879/80*

Fercher ringt um seine kosmogenischen Gedanken und die angemessene Form; er veröffentlicht eine frühe Fassung seiner Chöre und seine Abhandlung über Dante.    *1875*

Fercher deutet im «Ahasver»-Epos ein Paulus-Erlebnis an.    *1867*

Fercher spricht in Dresden über die Zukunft, die den Deutschen droht, und über die Gefahr, die von Amerika kommt.    *1859*

Fercher sieht das Problem des Zusammenstoßens des Christentums und des Gräzismus; er erkrankt schwer und wird von Bötticher gerettet.    *1852*

126

| | |
|---|---|
| *1902* | Steiner schildert die Metamorphose des griechischen Einweihungsweges zum christlichen («Das Christentum als mystische Tatsache»), findet Verständnis in der Theosophischen Gesellschaft und wird zum Generalsekretär der Deutschen Sektion gewählt. |
| *1904* | Es erscheinen Ferchers Werke im Druck, zugleich Steiners grundlegendes Buch «Theosophie» mit den zentralen Begriffen von Karma und Wiederverkörperung und dem Begriff der schöpferisch tätigen «Urbilder». |
| *1913* | Steiner gibt dem ältesten Zweig der «Anthroposophischen» Gesellschaft in Klagenfurt den Namen «Fercher von Steinwand Zweig» (und dem Grazer den Namen Robert Hamerlings). Grundsteinlegung zum ersten Goetheanum in Dornach bei Basel, errichtet als sichtbarer Ausdruck des Wesens Anthroposophie. |
| *1916/17/18* | Steiner deutet wiederholt auf Fercher hin, nennt ihn einen guten Deutschen, Österreicher, Kärntner und eine «germanische Individualität» und stellt ihn in drastischen Gegensatz zu den Phrasen Wilsons. – Erste Aufführung der «Kosmischen Chöre». |
| *1924* | Steiner schildert in seinem Lebensgang die eindrucksvolle Begegnung mit Fercher. |
| *1928* | Zur 100-Jahr-Feier bringt C. S. Picht die spätere Fassung der Fercherschen Chöre, die in anthroposophischen Zusammenhängen aufgeführt werden. F. Lemmermayer, der Steiner und Fercher gut kannte, schreibt Erinnerungen an den Dichter. E. Winkler verfaßt auf Grund seiner Dissertation (1925) eine erste Biographie. Die Benediktiner in St. Paul veranstalten eine große Gedenkfeier. – Das zweite Goetheanum wird eröffnet. |
| *1937* | Am Goetheanum: erste Gesamtaufführung von «Faust» I und II und Uraufführung des Adonis-Spieles von Albert Steffen, in dem ein Paulus-Erlebnis der Jetztzeit die Wende des Dramas herbeiführt. |
| *1945* | Dresden wird zerstört, die europäische Mitte geteilt. – Abwurf der Atombombe durch die USA. Zwei Machtblöcke. |
| *1952* | Fercher-Feiern an mehreren Orten. Seine Chöre werden, für Kärnten erstmalig, in Villach aufgeführt. |

Revolution. Fercher erlebt die Dreiheit: Deutsch-Österreicher, Sla-
*1848/49*
wen, Italiener und findet zu sich selbst. Er schreibt im Drama «Drahomira»: «Vom Deutschen wird der Slave, wird die Welt noch durch Jahr-
tausende zu lernen haben; so füg' es jene Macht, die über Sternen die
Welten lenkt und der Nationen Bahn.»

Ferchers Mutter empfängt ihn als zweites Kind, wird von den Eltern *1827/28*
verstoßen und gebiert ihn auf der Steinwand.

1955/56     Ost- und Westmächte ziehen sich überraschend aus Österreich zurück; dieses wird neutral.
E. Nußbaumer würdigt Fercher im Sammelband «Geistiges Kärnten».

1977     150-Jahr-Feiern an verschiedenen Orten von der Anthroposophischen Gesellschaft begangen, namentlich am Goetheanum. Es erscheint die erste Auflage des vorliegenden Buches; der Verfasser spricht in mehreren Städten. Es werden verschiedene Aufsätze über Fercher veröffentlicht und einige seiner Werke herausgegeben.

# VI. RÜCKBLICK

## Vom griechischen Heidentum zum Christentum

Rudolf Steiner hatte Ende der achtziger Jahre seine bestimmten Anschauungen über die wiederholten Erdenleben des Menschen errungen. Bei verschiedenen Persönlichkeiten, denen er nahetrat, und namentlich bei Fercher, wurde ihm deutlich, daß diese «in dem Habitus ihres Lebens, in dem Gepräge ihrer Persönlichkeit unschwer die Spuren eines Wesensinhaltes offenbaren, den man nicht» durch Vererbung oder Umwelt erklären kann. «Aber in dem Mienenspiel, in jeder Gebärde Ferchers zeigte sich mir die Seelenwesenheit, die nur gebildet sein konnte in der Zeit vom Anfange der christlichen Entwickelung, da noch griechisches Heidentum nachwirkte in dieser Entwickelung.»[86]

Diese seltsam verschlüsselte Angabe wird auf einmal sehr sprechend, wenn man sie genau nimmt: Sie bezeichnet nämlich den Übergang, der geschaffen wurde durch die Rede des Paulus in Athen. Dieser «Weltapostel mit Schwert und Buch» hatte als jüdischer Schriftgelehrter zuerst die Christen bekämpft, aber dann den Auferstandenen erlebt und sich berufen gefühlt, das Christentum den Heiden zu bringen. Er löste sich (und die christliche Gemeinde) los vom mosaischen Gesetz und kam nach einer längeren Reise in die Hauptstadt der Griechen.

Der Areopag stand – trotz der römischen Besatzung – noch in hohem Ansehen. Der Archon, der den Vorsitz führte, war zuständig für die Dionysos-Feiern (BL 14). Vor diesem Forum sagt Paulus, daß er die Götterbilder der Griechen gesehen hat; sie sind von Menschenhand gestaltet. Aber der «Unbekannte Gott», auf den sie warten, hat nun begonnen, *im Inneren* des Menschen zu sprechen (im Gegensatz zu Apollo, der gleichsam von außen wirkt). Der Dionysios vom Areopag und einige andere wollten mehr darüber hören (Apg 17; 16–34). Die Lehren, die sie empfingen, blieben zunächst geheim, abgesehen von den Andeutungen im ersten Kapitel des Epheser- und des Kolosser-Briefes: Es gibt (wie auch dem Heidentum bekannt!) Rangordnungen himmlischer Wesenheiten, von denen Paulus vier oder fünf aufzählt; aber Christus ist höher als sie.

Paulus hat die Christenverfolgung Neros (64) schwerlich überlebt; 70 n. Chr. wird der Tempel in Jerusalem zerstört, das jüdische Volk zerstreut, und bald darauf verliert auch der Areopag seine Bedeutung. Der griechische Volksgeist übernimmt eine höhere Aufgabe: Er führt nun das sich ausbreitende exoterische Christentum[87]. Die Lehre des Paulus aber wird, durch neuplatonische Gedanken weitergebildet, erst im 5. Jahrhundert aufgeschrieben, und zwar von Petros Fullo (Petrus, dem Tuchwalker), dem Patriarchen von Antiochia, der 488 starb. Er veröffentlichte unter dem Namen «Dionysios vom Areopag» das erste systematische Buch von den drei Wesensordnungen (Hierarchien), die sich in neun Engelchöre gliedern.

1902, im Todesjahre Ferchers, schrieb Steiner das Buch «Das Christentum als mystische Tatsache»; es knüpft an an die griechischen Mysterien, betrachtet das Mittelpunktgeschehen des Johannes-Evangeliums und führt bis zu Dionysios und seiner Schule.[88]

Das Buch des «Dionysios» wurde im 9. Jahrhundert ins Lateinische übersetzt, zur Grundlage der scholastischen Theologie und der Mystik.

Dante spricht von Dionysios als von dem, der «schon im Leben besonders tiefen Einblick hatte in der Engel Amt und Wesen», und betont, wenn er die Engelchöre schildert, daß seine Schau der Schau des Dionysios entspricht – im Gegensatz zu der des Gregor.[89]

Diese Stelle hat Fercher zweifellos gekannt; aber er verarbeitet sie nicht literarisch, sondern schöpft im Grunde aus derselben Quelle wie Dante und – wie *Paulus*: Es ist das *Erlebnis* «Christus in mir» (Gal 2; 20); und dieses «Ich» ist objektiv und kann die geistige Welt als eine objektive, als heilende erleben, wenn auch schwere Proben vorher zu bestehen sind: Hochmut, Ahasver und Todesgenius... In seinem Schaffensinhalt ist Fercher von Traditionen weitgehend unabhängig; ja, dieses genannte Erlebnis läßt sich gar nicht aus der Tradition gewinnen. Es kann nur dem zur Quelle werden, in dem es innerlich («mystisch») Tatsache wird.

Den selbstgeschauten Inhalt sucht er angemessen zu gestalten. Dies gilt bis in die *Form* der Strophen, mit denen er ein Epos schreibt. Daß er solche mit sieben oder neun Zeilen wählt, hat mit Zahlenmystik nichts zu tun. Nicht weil in der Geheimen Offenbarung die Siebenerrhythmen eine Rolle spielen oder weil Gregor darauf hinweist, daß die Bibel, wenn auch verstreut, neun Arten Engelwesen nennt – er wählt diese Strophen rein als Dichter, aus künstlerischen Gründen, wie gerade die Handschrift über die Strophenform bestätigt.

Und daß Fercher die Hierarchien nicht nur aus Schriften, sondern aus dem *Erleben* kannte (wenn er sie auch nicht systematisch getrennt und angeordnet hat), wird deutlich, wenn man auf das blickt, was er die *Ideen* nennt. Für ihn sind sie, wie noch für Plato, geistig schöpferische *Wesenheiten*, die sich zu den Gedanken und Ideen des Alltags verhalten wie geistig schöpferische Menschen zu ihrem Schattenriß; aber der Weg zu ihnen wird ein neuer, seit die christliche Entwicklung begonnen hat, in das griechische Heidentum hineinzuwirken (Eph 1; 21, und Kol 1; 16).

Steiner berichtet, daß Fercher «von großen Ideen so redete, als ob er unter ihnen selber gewesen wäre».[90]

Von daher wird auch verständlich, wieso Fercher gewisse Impulse, die vorbereitet wurden, viel früher als die meisten Zeitgenossen bemerken und drastisch schildern konnte (und dadurch manchen Leuten sehr unbequem wurde), auch wenn er nicht imstande war, seine politischen Ideen selber durchzuführen.

Ein Vergleich kann das verdeutlichen: Wer in die Planungsstelle einer Fabrik Einblick erhält und das nötige Verständnis mitbringt, kann recht gut voraussagen, was kommen wird, auch wenn er selber nicht imstande ist, eine Feile richtig anzusetzen. Aber das bloße Feilen-Können ohne Einblick wäre für weiterreichende Maßnahmen zuwenig: «Der Praktiker hat nicht weit, der Denker braucht Zeit.»

Ein Punkt, in dem Fercher über Dante wesentlich hinausgeht, ist noch hervorzuheben: Dieser schildert das Jenseits mit einer gewissen Unerbittlichkeit: Nur Gottes Gnade kann noch etwas ändern; für den Menschen selbst ist es zu spät. Fercher aber schwebt deutlich der Gedanke der *Entwicklung* vor – im Leben des einzelnen Menschen und im Leben des Kosmos. Sein Gedicht «Das Verhängnis» gipfelt geradezu darin, daß das Schicksal nicht von der – göttlich beseelten – Natur «verhängt», sondern vom Menschen selbst geschaffen wird. Auf seine dringende Frage nach «der Wirren Beweggrund» erscheint ihm die «mächtig beschickende Gottheit» und offenbart ihm:

> Vergebens beschwörst du den Geist, der dich schuf;
> *Zum Geist der Erschaffenen* kehre den Ruf –
> Du schaust *der Geschöpfe Geschöpf* und erbangst?

Im Menschen selber liegt der Grund seines Schicksals. Fercher ist hier dem neuen Karmabegriff (den Steiner in jenen achtziger Jahren entwickelt und ab 1904 dargestellt hat) ganz nahe.

Wenn aber die Ursache für ein Schicksal im selben Erdenleben nicht nachzuweisen ist – und des Dichters eigenes Leben ist ja ein sprechendes Beispiel dafür –, wann wurde sie dann gelegt? Diese Frage wirft er noch nicht auf. Erst kurz vor seinem Tode klingt sie an: die Idee der «Wiedergeburt».

21 Jahre nach der Berührung mit Fercher und nach dem Goethe-Vortrag schreibt Steiner eine Geschichte der Menschheit und der Natur, in der er in Bildern und lebendigen Begriffen die Entwicklung des Kosmos schildert bis zur Geburt des höheren Ich («Die Geheimwissenschaft im Umriß»). Die Grundlage hierzu, seine «Philosophie der Freiheit», ist im Wesenskern paulinisch.

21 Jahre nach der Berührung mit Fercher und nach jenem Vortrag beginnt Steiner – zum erstenmal in der Geschichte der Dichtkunst – das Wirken des Karmas dramatisch zu gestalten («Vier Mysteriendramen»): Einem Kreis von Menschen wird ein Erlebnis, ähnlich dem des Paulus, mitgeteilt. Dies gibt den Anstoß, den Schicksalsknoten, der sie verbindet, zu erkennen und allmählich zu verwandeln. Besonders ergriffen ist der Techniker, der – er war ein Findelkind – «einsam durch das Erdenleben ging» und nun am eigenen Schicksal zum Begriff des Karma gelangt.[91]

(Daß Steiner bei dieser Gestalt des «Doktor Strader» vor allem an den Philosophen Gideon Spicker dachte, ist bekannt; doch erinnert das genannte Motiv auch an Ferchers Geschick; und dem Dichter steht es frei, verschiedene Motive in einer Gestalt zu verbinden.)

# VII. WEITBLICK

## Ferchers Vortrag in Dresden am 4. April 1859

Die Tatsache, daß ein ehemaliger Hirtenbub eingeladen wird – es klingt wie ein Märchen –, zu den Würdenträgern eines Königshofes zu sprechen, einen Vortrag zu halten, ist derart erstaunlich, daß man sich fragen muß: Wie konnte es dazu kommen; was waren die Voraussetzungen? Und die zweite Frage: Waren unter diesen Würdenträgern auch Persönlichkeiten, die seine Anregungen nicht nur im klein gewordenen Sachsen, sondern vielleicht auch in Deutschland, in Europa hätten zur Sprache bringen können?

Der sächsische Altertumsverein, der Ferchers Vorlesung auf die Tagesordnung setzte, war 1824 gegründet worden, und zwar auf Anregung des Prinzen Johann, der lange Zeit selbst den Vorsitz führte und zeitlebens den förderlichsten Anteil nahm an der Neugestaltung seines Landes.

Jean Paul (1763–1825), der längst auf der Höhe seines Ruhmes stand und ihm nähertreten durfte, war so beeindruckt, daß er ausrief: «Die Welt muß Einem immer lieber werden, da es Prinzen gibt von solchem Geist, solchen Kenntnissen und solcher Gesinnung, wie ich heute einen kennen und lieben lernte!»

*Johann*[92] war am 12. Dezember 1801 als jüngster Sohn des Prinzen Maximilian geboren, hatte eine gründliche Erziehung genossen (namentlich in Rechtslehre und alten Sprachen) und erlebte als 14jähriger, wie sein Bruder – nach dem Sturz Napoleons – wieder innig von seinem Volk als König von Sachsen begrüßt wird.

Er reist mit 21 Jahren das erste Mal nach Italien, wird dort auf Dante aufmerksam gemacht und muß erkennen, daß er, der Sohn einer Prinzessin von Parma – zu wenig Italienisch kann. Er holt das Versäumte unverzüglich nach, und bereits 1827 erscheinen die ersten zehn Gesänge der «Hölle», übersetzt, zunächst für einen engen Kreis; «Versteht sich – Pseudonym», schreibt er dem Verleger und unterzeichnet das Vorwort mit *Philalethes.*

Philalethes heißt: der Wahrheitsliebende.

Unter diesem Namen ist dann seine metrische und besonders wortgetreue Übersetzung der gesamten «Göttlichen Komödie» in Leipzig erschienen. «Die ganze gebildete Welt hat erkannt», schreibt von Falkenstein, daß diese Arbeit «jenen großen Dichter erst zugänglich und genießbar gemacht» habe. Sie wurde im selben Jahre fertig, in dem Fercher in Graz seine «vita nuova» begann: 1849. (Ob Fercher freilich, der später dreiviertel Jahre in Dresden weilte, sie kennenlernte, ist ungewiß.) Die kritisch-historischen Erläuterungen, die «Philalethes» beifügte, stützen sich auf die großartige Dante-Bibliothek, die er besaß, und seine umfassende Bildung. Er konnte zum Beispiel so gut Griechisch, daß er lange Stellen aus Homer, den Klassikern oder der Bibel sofort auswendig zitieren konnte, und hatte ein wunderbares Gedächtnis: Als er einmal mehrere Hefte seiner Vorarbeiten verloren hatte, nahm er den italienischen Text und diktierte dem Sekretär, fast ohne zu stocken, seine Übersetzung noch einmal herunter.

«Bei dem wahren Freundschaftsverhältnis», das sich sozusagen zwischen Johann und Dante gebildet hatte, mußte es jenen natürlich tief ergreifen, als er bei seiner zweiten Italienreise, 1838, vor dem Grab des Dichters in Ravenna stand und am Orte seiner Taufe in Florenz.

Er führte einen ausgedehnten wissenschaftlichen Briefwechsel, namentlich auch (mit ausdrücklichem Bezug auf Dante als dem «Dritten im Bunde») mit seinem Schwager, dem kunstsinnigen und toleranten späteren Friedrich Wilhelm IV. von Preußen, der ihn wegen seiner hohen Bildung neidlos den «Professor» nannte.

Für seinen Sohn Albert wünscht er sich «einen Erzieher von festen positiven Religionsgrundsätzen als Offenbarungsgläubiger, auch wenn er einer anderen Konfession zugetan ist». Er überreicht Albert feierlich die Verfassungsurkunde mit den Worten: «Halte sie fest gegen jeden, denn ein königlich Wort, an dem soll man nicht drehen noch deuteln» und spricht schon als 33jähriger aus: «Ich bin gewöhnt, so viel mir auch an dem Beifall des Volkes gelegen, einem höheren Auge, welches auf meine Überzeugung schaut, zu folgen und lieber mein Gewissen zu verwahren, als um die Gunst des Volkes zu buhlen.»

Dante war nicht nur als Dichter – er war durch seine sittliche Haltung Johanns Ideal geworden.

Die Bilder aus den Jahren 1854 und 1872 erinnern im ganzen Ausdruck, und namentlich durch die markante Nase, an den großen Florentiner.

Falkenstein nennt ihn im Nachruf «Johann den Wahrhaftigen», und ungewöhnlich ist die Wendung: «Daß der Verstorbene Genie *hatte*, wird niemand leugnen; das vielleicht ohnehin zweifelhafte Lob, er sei ein Genie *gewesen*, mag ich nicht erteilen.»

«1854 wurde er König. Er hat sowohl für die geistige als die wirtschaftliche Kultur seines Landes viel getan. Die Machtpolitik hat er abgelehnt», schreibt Albert Steffen und fährt fort: «Es berührt eigentümlich, daß seiner dreibändigen Übersetzung sein Bild auf dem Totenbette beigefügt ist, wo dem Geist des Königs das Antlitz des Dichters erscheint. Unverkennbar ist eine große Ähnlichkeit in den Gesichtszügen Dantes und seines Kommentators zu ersehen.»[93]

Diese *Beziehung zu Dante* verbindet ihn mit Fercher. Ein anderes kommt hinzu: Prinz Johann verstand mindestens sieben Sprachen; er lernt noch Sanskrit und hält 1842 – anknüpfend an Wilhelm von Humboldts neuere Forschung – einen Vortrag über vergleichende Sprachwissenschaft.

Hier liegt ein zweiter Berührungspunkt mit Ferchers Interessen: Gewiß – man erwartete vom Dichter zunächst, daß er konkrete Erlebnisse mit Zigeunern schildere (und dies hat er auch getan). Aber der Kern seines Vortrages war ja das Forschungsergebnis von Schlosser und anderen: daß die Zigeuner nicht aus Ägypten stammen, sondern – zumindest der Sprache nach – *Indogermanen* sind; daß sie vermutlich aus dem nordwestlichen Indien kommen. Und das gibt ihm Gelegenheit einzuhaken und den in Dekadenz geratenden Deutschen drastisch vorzuführen, wohin sie kommen, wenn sie sich weiter treiben lassen. Diese Zigeuner, diese «Nichtsnutze», die hohle Phrasen dreschen, die sich in alle Völker mischen und dort ihr eigenes Wesen vergessen: die sind mit euch verwandt!

1854 war Friedrich August II. gestorben, und Prinz *Johann* (sein Bruder und längst schon Mitregent und Vorsitzender im Staatsrat) wurde *König von Sachsen*. Albert wurde Kronprinz, den Vorsitz im Königlichen Altertumsverein übernahm noch im selben Jahre *Prinz Georg*, sein jüngerer Bruder, und *dieser* war es, der Fercher huldvoll begrüßte und bei der Lesung den Vorsitz führte.

Es war nicht Prinz Georg, der spätere Herzog von Sachsen-Meiningen (der dadurch berühmt war, daß er durch Gründung und Ausstattung seines Theaters ein weithin anerkanntes Vorbild gab). In Dresden regierte ja die königliche, die albertinische Linie.

*Prinz Georg*, geboren 1832, hatte ebenfalls eine sorgfältige wissenschaftliche und militärische Erziehung genossen. Er war 1859 bereits Mitglied des Staatsrates, leitete ab 1864 das Kuratorium der Akademie der Bildenden Künste in Dresden, wurde Armee-Kommandant im Deutsch-Französischen Krieg und übernahm 1873 das Generalkommando des sächsischen Armeekorps.

Er erreichte einen höchsten militärischen Grad: Er wurde 1888 von Wilhelm II. zum Generalfeldmarschall ernannt und mit der zweiten Armeeinspektion betraut.

Daß *König Johann* selbst, der Gründer des Altertumsvereins, den Vortrag gehört hat, ist nicht anzunehmen; sonst hätte es Fercher sicher erfahren und in dem Brief, den er drei Tage später schrieb, erwähnt. Der König freilich hatte im Februar den dritten Trauerfall in seiner engeren Familie und hielt sich wohl eher zurück. Aber es ist kaum vorstellbar, daß der geistig hochinteressierte Herrscher, dessen Hofstaat den Vortrag gehört hatte, nichts davon erfahren haben sollte. Ja, es ist praktisch ausgeschlossen; denn das «Dresdner Journal» brachte einen sehr anerkennenden Bericht, und ein Teil des Vortrages wurde in den «Weller'schen Sonntagsblättern» abgedruckt. (Beide Angaben laut Biographie 1859.)

Als König war Johann, dieser stille Gelehrte, nicht so volkstümlich wie sein Vorgänger oder sein Nachfolger, aber hochgeschätzt bei den Fürsten. «Die wahren Konservativen», sagte Falkenstein, «sind keine Feinde der Freiheit; sie verlangen nur neben der Freiheit auch die Ordnung, ohne welche keine Freiheit möglich ist.» Politik überließ er dem gewandten Beust und fand kurz vor dem deutschen Krieg noch die Ruhe, die Neuauflage seiner Dante-Übersetzung persönlich zu überwachen (die später oft nachgedruckt wurde). Sowie Preußen im

Juni 1866 in Sachsen einmarschierte, zog er sich in bewundernswerter Ruhe und von den Truppen enthusiastisch begrüßt nach *Österreich* zurück und weilte eine Zeit als Gast Franz Josephs in Schönbrunn. Nach Friedensschluß im Dezember desselben Jahres besuchte er zusammen mit Kronprinz Albert König Wilhelm von *Preußen* in Berlin. Dem Bündnis, das sich damals anbahnte, hielt er im Deutsch-Französischen Krieg und bei der Errichtung des Deutschen Reiches die Treue.

Ob *Kronprinz Albert* Ferchers Vortrag gehört hat, ist nicht sicher. Er hatte zwar Geschichte studiert, war aber vor allem (und insgesamt über 50 Jahre lang!) Soldat. Mit 21 Jahren erhielt er (in Schleswig-Holstein) den preußischen Pour le mérite, übernahm 1854 den Vorsitz im Staatsrat und war zur Zeit von Ferchers Vortrag bereits General. Selbstverständlich könnte er unter den «Offizieren höchsten Grades» gesessen sein, und auch er müßte von dem Vortrag doch zumindest erfahren haben.

1866 führt er die gesamte sächsische Armee an seiten Österreichs gegen Preußen und erhält, in seinem Abschnitt siegreich, den Maria-Theresia-Orden. Österreich aber verliert den Krieg; unter anderem wegen der veralteten Waffen (Vorderlader) und weil die adeligen österreichischen Generäle die Anordnungen des verdienten Oberkommandeurs nicht pünktlich durchführten; denn dieser (Benedek) war bürgerlicher Herkunft.[94] (In Dresden hatte man Fercher wenigstens zugehört – «mit Aufmerksamkeit».) – Sachsen aber verliert die Mittlerrolle zwischen Nord und Süd.

Im Deutsch-Französischen Krieg erhält Albert den Oberbefehl über die preußisch-sächsische Maas-Armee und wirkt hervorragend mit am Sieg von Sedan und der Einnahme von Paris. Er vertritt seinen Vater bei der Gründung des Reiches in Versailles, kehrt an der Spitze der geeinten deutschen Wehrmacht, stürmisch umjubelt, nach Berlin und Dresden zurück, wird Generalfeldmarschall und erhält auch von Zar Alexander II. den Marschallstab verliehen.

Nach seines Vaters Tod (1873) besteigt er auf der Höhe seines tatenfrohen Lebens stehend, den Thron und regiert länger als je ein sächsischer König. Er vermittelt, von Bismarck, Wilhelm I. und Franz Joseph geachtet, und ist nicht ohne Einfluß auf das Bündnis, das zwischen den zwei Großmächten am 7. Oktober 1879 zustande kommt – gegen Rußland.

Seine konstitutionelle Regierungsweise gilt als Musterbeispiel einer bürgerlichen Monarchie; er hält sich von politischen Fragen zurück, verfolgt aber mit ernstem Interesse die sächsische Gesetzgebung zum Schutze der Arbeiter. Sie war in mancher Beziehung führend in Deutschland.

Wilhelm II. ermutigt ihn (und den sächsischen Staatskanzler), entsprechende Gesetze beim Reich zu beantragen – im Gegensatz zu Bismarck; und damit gibt Albert einen Anstoß zu jenem Konflikt, der später zum Sturze Bismarcks führt. Der Kaiser hört auf den um 30 Jahre älteren, erfahrenen König und Feldherrn auch dann, als dieser angesichts der französischen Rüstungen empfiehlt, das Heer zu vergrößern. Ja, Albert selbst erhöht gegen Ende seiner Regierungszeit – im Sinne der Bürgerlichen – den sächsischen Truppenstand um ein Drittel (!). Die Eisenbahn belastet den Staatshaushalt. Die Voranschläge werden weit überschritten. 1901 bricht die Leipziger Bank zusammen.

Wo Albert rein militärisch dachte, hatte er mit Fercher wenig gemeinsam; doch einiges, das unter seiner Regierung eingeführt wurde, trug auch den neuen Impulsen Rechnung. Merkwürdig ist die Nähe ihrer Geburts- und Sterbedaten:

Fercher: 22. März 1828 – 7. März 1902
Albert: 23. April 1828 – 19. Juni 1902

König Albert hatte keine Kinder; dadurch kam es, daß sein Bruder Georg mit 70 Jahren «Kronprinz» war. 43 Jahre vorher hatte er in Dresden gehört, welches Zigeunerschicksal den Deutschen droht, wenn sie im Militarismus steckenbleiben, statt für wirkliche, geistig schöpferische Bildung zu sorgen – 43 Jahre nachher, 1945, hat Deutschland kapituliert, und Dresden war ein Trümmerhaufen... Die Probleme sind mit der Jahrhundertwende offensichtlich andere geworden: Die Arbeiterpartei gewinnt in 22 von 23 Wahlkreisen. Die Regierung gibt zu, daß «verbesserungsfähige Zustände vorhanden sind». Der greise Monarch jedoch, *König Georg*, der auch «Kunst und Wissenschaft gefördert hat», zeigt wenig Neigung, innere Reformen durchzuführen. Seine Sorge ist ein Sparprogramm, das freilich erst nach Jahren wirksam werden kann.

Als er 1904 stirbt, folgt ihm sein Sohn Friedrich August III., der, trotz der sozialen Spannungen überaus beliebt, bis zum Ende des Kaiserreiches regiert.

Wer waren die *Minister?* Laut J. Fachbach waren alle Minister beim Vortrag anwesend. Alle fünf waren schon 1849 Minister geworden und blieben es mindestens bis 1866. Doch wurden, als der Vorsitzende starb, einige Ressorts neu verteilt, und zwar im *November 1858* (als Fercher bereits in Dresden weilte):

*Beust* behielt das *Innen-* und das *Außenministerium* weiterhin und übernahm nun auch offiziell den *Vorsitz* im Gesamtministerium. Er war ein gewiegter Diplomat, mit «Elastizität des Geistes» (und im Sinne Frankreichs) bemüht, unter Sachsens Führung die deutschen Kleinstaaten zu sammeln als dritten Pol neben den Rivalen Österreich und Preußen.

*Falkenstein*, der ruhig-maßvolle, hochgebildete Jurist, war von 1853 bis 1870 zuständig für *Kultus* und öffentlichen *Unterricht.* Er hatte schon verdienstvoll gewirkt für die Befreiung der Presse von der Zensur und (1845/47) durch Maßnahmen gegen die drückende Hungersnot. Er übernahm dann 1866 auch den Vorsitz und wirkte im Ruhestand (1871–1882) als Minister des Königlichen Hauses.

*Friesen*, der erfahrene Innenminister und Jurist, übernahm 1858 das Ministerium für *Finanzen.* Trotz scharfer Gegensätze zu Beust konnte er sich halten und überdauerte dessen Sturz (1866).

Diese beiden (der Finanz- und der Unterrichtsminister) waren nicht nur bedeutende Persönlichkeiten; sie blieben auch in der Regierung, als Kronprinz Albert 1873 seinem Vater auf dem Thron folgte.

Die beiden anderen Minister sind weniger hervorgetreten: *Rabenhorst* blieb weiterhin Kriegsminister (und stand wohl im Schatten des Oberkommandierenden, Kronprinz Albert); er war mit Beust im ständigen Gefolge des Königs Johann, als dieser 1866 in Österreich bei Franz Joseph weilte, und schied dann aus der Regierung. *Behr* gab 1858 das Ministerium der Finanzen ab und übernahm das für *Justiz*, wo er bei der Neugestaltung des Rechtslebens und der Abfassung des Bürgerlichen Gesetzbuches wesentlich mitwirkte. Er trat 1866 in den Ruhestand.

Dies war also der Stand im November 1858. Kurz darauf ziehen sich die Gewitterwolken rasch zusammen: Am 1. Januar *1859* brüskiert Napoleon III. Österreich.

Im März steht fest, daß Sachsen mit mehreren Kleinstaaten Österreich beisteht, falls Frankreich und Sardinien gemeinsam vorgehen; man hofft auf Preußens Hilfe. Albert erwägt die Mobilisierung von Basel bis Mainz.

Am 12. April holt er seine Gemahlin von Mannheim zurück. Beust reist im April zu Napoleon und versucht – vergeblich – zu vermitteln. Am 23. April (Karsamstag): Ultimatum von Österreich an Italien unter teilweiser Übergehung Preußens. – Kriegsbeginn. Am 3. Mai: Manifest Napoleons für die Befreiung Italiens. (Man weiß, daß er ein geheimes Abkommen mit Rußland hat.)

Die nationale Erhebung Italiens, vorangetragen von Garibaldi, ist vollendete Tatsache, ehe die Kämpfe sich voll entwickelt haben.

In diese Spannungen hinein hat der Dichter aus Deutsch-Österreich seinen Vortrag gehalten, und Minister und Generäle eines maßgebenden Staates haben Zeit gehabt, ihm zuzuhören!

Eine unmittelbare Wirkung, ein rascher «Erfolg» war natürlich nicht zu erwarten. Wurden seine Ideen wenigstens später und stellenweise fruchtbar? Die Idee nämlich, die Menschen nicht nur militärisch zu erziehen und nicht durch Propagandaphrasen, sondern im Vertrauen auf ihre Einsicht; durch Pflege ihrer inneren, schöpferischen Kräfte, so daß sie aus Freiheit fruchtbarer wirken als durch äußeren Zwang? Daß er im Großen nicht verstanden wurde, hat die Geschichte tragisch gezeigt; und die Macht von Zwang und Phrase erleben wir heute noch. Dennoch sei darauf hingewiesen, daß Möglichkeiten nicht nur vorhanden waren, sondern zum Teil auch genutzt worden sind.

Sieben Jahre später – vom 19. Juni bis 23. August 1866 – herrscht in Deutschland Bruderkrieg. Sachsen war durch *Beusts* Politik Verbündeter und Schicksalsgenosse Österreichs geworden. Aber schon am 1. August erhebt *Falkenstein* (unter dem Druck leidenschaftlicher Agitationen) dagegen Einspruch. Beust läßt sich umstimmen und sagt nun selbst: Diese Verbindung war ein totgeborenes Kind. Die nun folgende Annäherung an Preußen beginnt, wie Friesen feststellt, auf *militärischem* Gebiet: Man schätzt dort das schlagkräftige Heer der Sachsen. Beust aber muß zurücktreten und wird – Reichskanzler in Österreich! Hier gelingt es ihm, zusammen mit dem großen ungarischen Staatsmann Deák, den Zerfall der Monarchie zu verhindern, aber er muß (1871) dem Druck der Tschechen und Russen weichen und wird österreichisch-ungarischer Botschafter in London und in Paris.

Dieser gewandte Diplomat hätte freilich Ferchers Ideen kaum verbreitet: Er war schon 1859 die Seele der Reaktion.

Ein ganz anderes Bild ergibt sich beim *Erziehungswesen*[95]. Die Volksschüler waren bisher nicht von Lehrern, sondern von angehenden Pfarrern oder ausgedienten Feldwebeln unterrichtet worden. Unter *Dr. von Falkenstein* wurden nun großzügig Seminarien errichtet zur Ausbildung eigener Volksschullehrer. Vor Ferchers Vortrag standen (im Schnitt) für drei Jahre 7000 Thaler zur Verfügung; 1867–1869 waren es 92 000 Thaler, also das 13fache. «Wir wollen reformieren; wir geben Ihnen Vollmacht. Wir wollen ein Internat, aber keine mönchische Zucht», sagte der Minister zu einem Seminardirektor.

Mag diese Entwicklung auch in einem allgemeinen Trend gelegen sein: Sachsen hatte bald darauf von allen größeren deutschen Staaten den geringsten Hundertsatz an Analphabeten. Falkenstein traf weiter die einflußreichsten Verfügungen im Kirchen- und Schulwesen (BK 14); ihm verdankt die Landesuniversität Leipzig die Grundlage ihrer späteren Blüte.

Finanzminister *von Friesen* hatte nach Beust auch das Außenministerium übernommen und wurde 1869 außerdem Generaldirektor der Sammlungen für Kunst und Wissenschaft zu Dresden; nach Falkenstein führte er (1871–1876) über dies den Vorsitz im Gesamtministerium.

Der Ausbau der Höheren Schulen aber war der persönliche Wille von *König Albert.*

König Johann, Kronprinz Albert, Minister und Generäle, sie waren 1859 österreichfreundlich eingestellt. So dürfte es nicht schwer gewesen sein, einen österreichischen Dichter, der schon seit Monaten in Dresden weilte, im Altertumsverein ans Vortragspult zu bringen.

Was war nun der *Inhalt* seines Vortrages?

Das erfahren wir zunächst nur aus dem Brief, den Fercher drei Tage darauf an Rauscher schrieb; wir haben ihn im biographischen Teil wiedergegeben. (Der Dichter Ernst Rauscher stand mit Fercher und Hamerling im Briefwechsel und litt unter der chaotischen Entwicklung in Mitteleuropa. Er übernahm 1862 die Redaktion der «Carinthia».) Das Manuskript für das «*ganze Buch* im Umfange zweier Tragödien über die weltgeschichtliche Stellung der Zigeuner», von dem er «ein Zwanzigteil» vorgelesen hat, muß wohl als verloren gelten und hat auch keinen Verleger gefunden.

Die *Abhandlung* über die Zigeuner hingegen ist im dritten Band der Werke abgedruckt. Sie stützt sich anscheinend auf eine Handschrift, die im Wiener Rathaus verwahrt wird (WStLB 2967/2968). Sie bringt den Text zweifach: einmal mit vielen Umstellungen, Einfügungen und Korrekturen und einmal als Reinschrift mit dem Datum *1870*.

Hätte er von dieser Abhandlung «ein Zwanzigteil» vorgetragen, so wäre er in acht Minuten bequem fertig geworden (sie umfaßt 70 kleine Buchseiten, während zwei Ferchersche Tragödien zusammengenommen 170 bis 250 solcher Seiten füllen). Es handelt sich also wohl um eine – wenn auch umgearbeitete und etwas erweiterte – Zusammenfassung jener Teile des genannten Buches, die Fercher elf Jahre vorher in Dresden tatsächlich vorgetragen hat. Aber sowohl der Herausgeber (sein Freund J. Fachbach) als auch Steiner verweisen auf diese Abhandlung, wenn sie von jenem Vortrag sprechen; also dürfte sie wohl gerade das Wesentliche enthalten.

Aber auch dafür fand sich kein Verleger. So wurde sie erst nach Ferchers Tod gedruckt, und zwar 1903, als Georg tatsächlich, wie die Anmerkung besagt, König von Sachsen war.

Sie wurde anscheinend kaum beachtet.

Fercher schildert darin zunächst mit behaglicher Breite, wie er schon als Hirtenbub und später Zigeuner beobachten konnte. Er spricht von ihrer eigenartig schwächlichen Gestalt, die sie ziemlich wahllos – und manchmal fast gar nicht – mit Kleidern behängen, die sie irgendwo herhaben. Er schildert ihre Gewohnheiten, wie sie (mit Ausnahme der Wald-Zigeuner, die sehr sittenstreng leben und fleißig Rinden sammeln für die Gerbereien) träge und nichtsnutzig und diebisch sind, es aber meisterhaft verstehen, den Leuten, die sie ausnützen wollen, mit Phrasen großartig zum Munde zu reden.

Nachdem er so eine breite Grundlage geschaffen hat, sagt er auf einmal, es deutlich hervorhebend, daß sie indogermanischer Abstammung, daß sie den Deutschen bedenklich verwandt sind, und dann kommen die Stellen, auf die Steiner als erster hingewiesen hat: In seinen *«Entwicklungsgeschichtlichen Unterlagen zur Bildung eines sozialen Urteils»* schildert er, wie Bismarck bei seiner Reichsgründung gar nicht mit dem Heraufkommen der Großindustrie gerechnet hatte: «Nun entwickelte sich da hinein der ganze Amerikanismus der Großindustrie und sprengte den Rahmen. Der war schon gesprengt, lange bevor diese kriegerische Katastrophe gekommen ist.» Und Steiner wurde nicht müde, auf das Phrasenhafte hinzuweisen, mit dem Wilson den Deutschen Moral predigte, aber selbst nicht imstande war, einen dauerhaften Frieden zu stiften. Es gab, so führte er weiter aus, gerade im deutsch-österreichischen Volk (und unabhängig vom Bestehen des Habsburgerreichs) durchaus noch Menschen mit individuellen Fähigkeiten, die sehr wohl in der Lage waren, was da heranrollte, schon früh zu durchschauen. Und da nannte er als Beispiel *Fercher von Steinwand*, der in seinem Dresdener Vortrag schon 1859 eindrücklich geschildert hat, was dann seit 1870 und mehr noch seit 1917 offensichtlich wurde: die Macht der Phrase und die Macht der Maschinen. Zumindest Mitteleuropa sollte daher etwas beitragen zur Durchbrechung der Lüge, weshalb Rudolf Steiner vorschlug, daß der Bau in Dornach bei Basel (und dann auch die Hochschule für Geisteswissenschaft) «als Protest gegen dasjenige, was in den nächsten Jahren geschehen wird über die ganze zivilisierte Menschheit hin, die sogenannte zivilisierte Menschheit hin, Goetheanum genannt werden sollte... aus dem Impulse unserer Zeit heraus».[96]

Die Ausführungen, die dann Rudolf Steiner ausschnittweise zitiert, stehen kurz vor Schluß der Abhandlung. Wir bringen sie hier ungekürzt:[97]


## VI.

*Inzwischen war auf der Alpe, wie in der ganzen christlichen Welt, Sonntag geworden, und ich war in die Tiefen des Tales gestiegen, um in der Pfarrkirche dem Gottesdienste beizuwohnen. Wie staunt' ich, als ich auf dem Kirchplatze eine beträchtliche Gruppe von Landleuten traf, die mit einem unheimlichen Schauer das übermenschliche Gebaren der Zigeuner in der Umgebung besprachen. Jeder hatte von geheimen Offenbarungen zu erzählen, am meisten die Landhofbesitzer, deren Lebensverhältnisse ich auf der Alpe den Zigeunern umständlicher erörtert hatte. Die guten Leute waren überirdisch ergriffen, wie das auserwählte Volk, zu dem Jehova aus der Wolke sprach. Auch ich entging dem geisterhaften Fieber nicht. Denn unbegreiflicherweise ward ich von einem finstern Gott aus dem Geleise meines Schlußvermögens geworfen und vergaß einfach zu folgern, daß gro-*

ßenteils ich selbst der Prophet von all den wunderhaften Dingen sei. Abends jedoch genoß ich des eigentümlichen Glücks, im Hause meines Landwirtes die Zigeuner als übernachtende Gäste vorzufinden. Die Spannung meines jungen Gemütes ward erhöht, als ich bemerkte, daß sich inzwischen die Zahl der braunen Abenteurer durch einen Zuwachs aus dem Nachbartale vermehrt hatte.

Da es meist Frauen und Kinder waren, die den Trupp vergrößert, aber nicht eigentlich verschönert hatten, so wurde auch der Verkehr in Wort und Gebärde unter den Zigeunern selbst ein belebterer. Was sie unter sich sprachen, war uns allen unverständlich. – In spätern Jahren bemächtigte ich mich einmal in Ungarn eines ältern Zigeuners, um sprachliche Ausbeute zu machen, und dies mit Hilfe des Pfarrers von St. Gotthard*, der nicht bloß eine Pfarrei, sondern auch Geist besaß. Allein es ist schwer, den Zigeunern etwas abzugewinnen, und wir konnten nur entdecken, daß die Zigeunersprache der angehängten Bildungssilben (Suffixe) entbehrt und sich ihre Grundähnlichkeit nicht der semitischen, sondern den indogermanischen Sprachen zuneigt. Unser Gewährsmann gestand übrigens, daß Zigeunerkarawanen, die auf der Wanderung zufällig aufeinander stoßen, sich gegenseitig sehr oft gar nicht verstehen. Daran, meinte der Alte, sei einzig und allein der Abstand der Bildung schuld, wobei er natürlich sich und seiner Truppe den höheren Bildungsgrad anwies. Hieraus schloß ich mit Vergnügen, daß die Zigeuner doch ebenfalls gerne gebildet sein oder für gebildet gelten möchten. Es stellt sich nur der trostlose Umstand ein, daß sich mühesaure Kultur und honigsüßes Faulenzertum nicht unter ein und demselben Dache unterbringen lassen. Und das ist schade, nicht bloß der Zigeuner willen.

Im allgemeinen von unsern Forschern als eine Tochter des Sanskrit erkannt, erscheint die Zigeunersprache natürlich mit Worten und Wendungen aller Nationen getrübt und zu einer dem Rotwelsch ähnlichen Gaunersprache verunstaltet. Hierüber könnte man Graffunder lesen. Ein eigentliches Lehrbuch der Zigeunersprache halt' ich für unausführbar. Denn die Worte und Wortfügung eines Volkes, das, seit wir's kennen, den Gesetzen des Denkens hohnspricht, werden wir vergebens einer wohltätigen Regel zu unterwerfen suchen. Doch wird dem Zigeuner das Erlernen anderer Sprachen nicht schwer. So

* Gespanschaft Eisenburg an der Raab

fand ich in Ungarn, daß seiner Zunge neben dem Magyarischen auch das Slavische und Deutsche ziemlich geläufig ist. –

Die deutschen Worte indes, die unsere alpenbesuchenden Zigeuner an uns Einheimische richteten, wurden mit befremdlicher Tonschwingung gesprochen. Dabei war aber die Bemühung fühlbar, unserer Sprechweise gerecht zu werden. Das schien oft nicht übel zu gelingen und konnte das Zutrauen manch eines treuherzigen Gemütes gewinnen. Mit unserem Hause selbst hatten sie sich auf das schnellste vertraut gemacht, ja ihr Benehmen wurde nach kurzer Frist so unumwunden, daß sie als die Herren des Gehöftes erscheinen mußten. Sie bemächtigten sich ohne Bedenken aller Hausgeräte und dachten nicht im entferntesten daran, das Genommene an seine gewohnte Stelle zurückzuschaffen. Es ward vielmehr mit grenzenloser Unbefangenheit in Winkeln untergebracht, wo man Diebskram verborgen halten konnte. Der Hauswirt, ein nachdrücklicher Kopf, mußte Stück für Stück zurückfordern, und zu dem Behufe, wahrlich, war ein nachdrücklicher Kopf eine Notwendigkeit.

So hatte ich also die Zigeuner in der Nähe hantieren gesehen, und ihre eigene Art, sich umzutun, mußte meine Aufmerksamkeit in hohem Grade fesseln. Die Weiber drehten sich im allgemeinen rasch und flink, oder vielmehr es schien so, weil an ihnen keine Regung bemerkbar war, die sich nicht wellenartig über den ganzen Körper verbreitet hätte. Selbst in den Wendungen der anscheinend Trägen waltete ein Genius, den man wohl als einen schlummernden, doch keineswegs als einen schlaffen bezeichnen durfte. Die Gesamtheit der Armbewegungen bildete ein merkwürdiges Liniengewebe von wirrem Zickzack. Nichts war eigentlich rund oder insbesondere anmutig anzusehen. Die Männer, selbst die gleichgültigsten und bequemsten, traten zierlich und leicht auf, und zwar mit auswärts gesetztem Fuße, und ließen keine Anstrengung ihrer Gelenke fühlen. Ich erlaube mir diesen Punkt mit besonderer Betonung hervorzuheben. Denn die Bewegungsweise schien mir von jeher das sprechendste von all jenen Merkmalen zu sein, durch die sich der echte Zigeuner vom Slaven unterscheiden läßt, vom Slaven, der, sich zum Zigeuner umfälschend, gar zu gerne mitnomadisiert, nicht immer mit Draht und Mausfalle. Ein solcher Slave ist immerdar ungeistiger und plumper in seiner Haltung und Bewegung, und er bringt es nie dahin, an sich die durchgreifende Lebendigkeit und den eigenartigen

147

*Reiz des Zigeuners zu entwickeln. Auch übersteigt die Körpergröße des letzteren kaum jemals das schöne Mittelmaß. Dagegen trifft man nicht selten auf Slaven, die von einer schwerfälligen Riesenhaftigkeit nicht allzuweit abstehen.*

*Allein, da mir die unsittliche Seite der Zigeunerwirtschaft in unserm Hause grell einleuchtete, so war ich in Ärger und Unmut geraten. Mir tat es herzlich leid, diese seltsamen Menschen so plötzlich alles dämonischen Zaubers entkleidet zu finden. Ich wußte eines tiefinneren Unbehagens nicht los zu werden. Indes sollte sich meine gedrückte Stimmung bald wieder erholen, gewaltsamer freilich, als ich's erwarten durfte.*

*In unserm Gebirgslande herrscht der übrigens lobenswerte Brauch, daß unmittelbar vor Schlafenszeit der Hausherr zu Tische kniet und sich zum Vorsprecher eines Gebetes macht, das als Rosenkranz bekannt ist. Dieses Gebet wird von der gesamten Familie mit Inbegriff des Dienstvolkes in gegenwortigen Absätzen laut mit- und nachgesprochen und füllt seiner Dauer nach eine nicht zu bezweifelnde Stunde aus. Ja, es kann durch angefügte Vaterunser einer frommen Hausfrau noch beträchtlich verlängert werden. Aus diesem Grunde wird man's nicht unnatürlich finden, wenn der ersehnte, aber durch fortgesetzte heilige «Bitt für uns» hinausgeschobene Schlaf manchmal voreilig zu seinem Rechte greift, den ermüdeten Arbeiter mitten im lauten «Ave Maria» unterbricht und die kniende Stellung desselben wiederholentlich erschüttert und so fort, bis sich die sprechend begonnene Frömmigkeit lallend zu Ende geschleift hat. Diesmal ward der Herr des Hauses selbst von der leisen Hand der Natur angefaßt, und seine «Herr, erbarme dich unser» hatten nach und nach allen gewohnten Nachdruck eingebüßt. Ich selbst kniete in einer Ecke der Stube und nickte mehr zur Schlafstätte als zu Gott hin.*

*Vor der Schwelle der offen stehenden Zimmertür lagerte lautlos die schwarzbraune Horde, manchmal kristallblanke Zähne enthüllend. Das früh abgeblühte Gesicht eines jungen Weibes, das ruhig dem Eingange zugewendet war, wurde von der Glutröte des Kamins schwankend bestrahlt. Das Weiß in ihrem Auge schien in zunehmender Schläfrigkeit zu ersterben. Desto sichtlicher trat der mattgelbe Schmelz am lasurenen Kreisrande des Augapfels hervor, ein zarter mattgelber Schmelz, der jedes Zigeunerauge kennzeichnet und manchmal nur dem Maler entdeckbar ist.*

All unser Verdruß gegen die Fremdlinge war gewichen, denn Müdigkeit beherrschte das Haus. Niemand außer der uns schon bekannten Zigeunermutter, die ihre Knie mitten auf den Fußboden gepflanzt hatte, war mit ausharrend tapferer Stimme dem Gebete gefolgt, und der Frömmigkeit stand eine allgemeine Niederlage bevor.

Plötzlich raffte sich die Alte, wie eine Viper zuckend, mit furchtbarer Heftigkeit von der Diele empor, stürmte mit schnellkräftiger Übermacht auf den erlahmenden Vorbeter los und riß ihm das beperlte Sinnbild des Rosenkranzes aus der erschlafften Hand, in cherubischer Wut aussprühend. Alles andächtige Gelalle stockte wie vor dem Posaunenschmettern des Weltgerichtes, und das Zimmer schien zu zittern, vom heiligen Erdbeben betroffen. Da sprang oder schnellte sich das pythisch begeisterte Weib mitten in den Kreis der Betenden; ihr Gesichtsumriß hatte sich gorgonenhaft verklärt, ihre Stimme sich zum Gewitterton gesteigert. Beide Arme gegen den Himmel reckend, rief sie: «Wer aber lau ist, o Herr, den wirst du aus deinem Munde speien!» – Flatternd fiel der dämmerhafte Glanz der Beleuchtung auf ihre kupfrige schwarzumringelte Stirne, und unter dieser loderte es wie der Blitz des Erzengels Michael feuergewaltig hervor. Niemals ist mir mit so zündender Eindringlichkeit gesagt worden, daß die schwankenden und unentschiedenen Menschen die schlechtesten und wertlosesten Machwerke des Schöpfers sind.

Welch unermeßliche Fülle religiösen Reichtums durchwaltet dieses Weib, also dacht' ich, wie beneidenswert!

Ich armer Schüler! Ich hatte noch nicht in Erfahrung gebracht, welch ein verschiedenes Ding es sei, einen Seelengehalt zu besitzen und einen solchen zur Darstellung zu bringen. Ich wußte noch nicht, daß es hinreichend sei, dürftige Ansätze zu einem Gehalt in sich zu fühlen, um unter Umständen einen ausgezeichneten Dolmetsch schwerwiegenden Seelengehaltes abzugeben.

Ich saß einmal unter einem Ahorn, der im Wachstum begriffen war. Das aber gab er durch keinen Trommelton zu verstehen. Allein es ist nicht zu bestreiten, daß zu einer guten Trommel innere Hohlheit notwendig ist. Wär' es nicht also, so müßten die größten Lärmmacher und Prahlhänse, müßten die gewandtesten Gebärdendrechsler zugleich die größten schöpferischen Geister unter den Sterblichen, und keck um sich greifende Schauspieler die tiefsinnigsten Dramendichter sein, und das moderne Deutschland hätte sich nicht über Mangel an trefflichen Tragödien zu beklagen.

Wo wäre eine solche Betrachtung passender als in einer Geschichte der Zigeuner?

Die Luft ist schwül und schweflig von den Schwüren, die seit acht Jahrzehnten auf die Verfassungen geschworen wurden. Wie viele Staaten gibt es, in denen man diese Eide nicht vielfach zu brechen wußte? Unser Geist ist taub von den Drommetenstößen, dem Jubelgeschrei, mit dem wir die himmlische Wohltäterin Freiheit bewillkommten. Zählt jedoch die Sterblichen, die Mannes genug sind, um frei zu sein! Wo gäb' es noch vier Wände, die nicht von schwunghaften Zitaten aus Schillers Schriften erdröhnten? Aber wo, in welcher Hütte, in welchem Palaste, unter welchem Sterne deutscher Zone lebt noch etwas von des Dichters tatkräftiger Seele, von seiner feurigen Ader, von seinem hartnäckigen Drängen nach einem großen Ziel? Wer hätte auch nur den Mut und die Gabe, seine Fehler zu begehen? Die Tribunen aller europäischen Reiche wanken unter der Last der Beredsamkeit und Wissenschaft, durch welche die Ordnung und das Glück in der menschlichen Gesellschaft eingebürgert werden sollen. Ihr Mattherzigen! Wie lautet der Gedanke, den ihr gedacht habt? Wer unter euch ist ein Mirabeau? Wie glühend ist euer Bild vom glücklichen Staate, wenn es nicht schon leichenkalt ist, bevor ihr's bekanntgegeben? Sagt, wer von euch ist größer als der Augenblick? Wie viel schlechte Kerle habt ihr eingeschüchtert, wie viel edelgesinnte Menschen ermutigt? Wie viel Klagen loben euch durch Schweigen? Redet das Unglück nicht lauter als je? Ist es denn so furchtbar schwer, den Gedanken festzuhalten, daß jeder Mensch, ohne Ausnahme, für Freiheit, Ordnung und Glück, ja sogar für die Kunst, sich selbst zu erziehen, von Kindesbeinen erzogen werden muß, erzogen weit weniger durch Beweisführungen als durch Liebe, Geduld, Strenge und empfindliche Opfer? Ist es denn so furchtbar schwer, statt den Lärm zu besolden, ein ergiebiges Wirken zu bezahlen? Ist es denn so furchtbar schwer, statt den Bajonetten zu gehorchen, der milden, alles ausgleichenden Vernunft zu dienen?

Man denke sich einen Staat ersten oder zweiten Ranges. Man denke sich dazu einen einsichtsvollen Minister, der sich das nicht zum Ruhme anrechnet, was einem Nachbar zum Schaden oder zur Unehre gereicht, mit einem Wort, einen Minister, der zwei Dritteile seiner ungeheuren Militärkasse für die Erziehung der untersten Volksschichten verwendet – was meint ihr? Würde ein solcher Minister nicht binnen wenigen Jahren den gewaltigsten Umschwung aller Verhältnisse bewirken, zu seinem eigenen Vorteil, zum Vorteil seines Volkes, zum Vorteil seines Herrn und Königs? Würde ein solcher Minister nicht in weniger als einem halben Menschenalter den Charakter der Weltgeschichte ändern? Ich hätte wohl das Herz, zum wiederholtenmale «Ja» zu sagen; denn es liegt mir nichts daran, von irgendeinem glattgebügelten Säbelhelden oder dickleibigen Paradebeamten ein närrischer Ideologe gescholten zu werden.

Inzwischen tröstet euch, ihr Zigeuner! Ihr seid in eurer Art nicht allein; ihr droht nicht auszusterben: aus allen Richtungen des Lebens fließen euch täglich neue Ergänzungsscharen zu!

## VII.

Um das Bild unseres Gegenstandes zu vervollständigen, bleibt uns noch ein Punkt zu besprechen übrig, nämlich die Frage der Kleidung der Zigeuner.

Hiebei will ich vorerst die Tracht der Zigeuner im allgemeinen ins Auge fassen und mich der Verlegenheit überheben, einen besondern Trupp zur Schau vorzuführen. Auch wäre es verfänglich, bei gewissen unerquicklichen Seiten des Zigeunerlebens zu verweilen, wenn sie nicht die allgemeine Charakteristik zu fördern geeignet sind.

Zunächst möcht' ich davor warnen, einem Buche ganz zu vertrauen, das von einem eigenen Kostüme unsres heutigen Zigeuners spricht. Der Zigeuner kleidet sich in die Tracht aller Welt, das heißt, er behängt sich, ohne zu sichten, mit jedem Kleidungsstück, das er sich entweder erbettelt oder erstiehlt. Wenn wir ihn am häufigsten in einer Tracht sehen, die der ungarischen oder kroatischen ähnelt, so findet das seine Erklärung darin, daß die Schwärme, die uns besuchen, zumeist aus den Länderbreiten des Magyarismus und Slavismus herüberkommen. Allerdings ist es wahr, daß der Zigeuner sich mit Vorliebe in hellfarbige Lappen hüllt oder sich mit buntschillernden Bändern ziert. Allein diesen Geschmack hat jedes Volk mit ihm gemein, das sich von der Barbarei noch nicht ganz losgerungen hat.

Bei unsern braunen Gesellen wird diejenige Mode immer die beliebteste sein, welche damals an der Tagesordnung war, als die

Schlange vom Baum der Erkenntnis herab eine Vorlesung hielt über das Gute und Böse.

Die adamitische Ungeziertheit also ist's, was dem Zigeuner insbesondere zusagt. Sie ist bei Kindern beiderlei Geschlechtes bis zum zehnten Jahre sogar Regel. In Polen laufen die schöngliedrigen Rangen oft bis zum zwölften und vierzehnten Jahr also naturgetreu herum. Der Pfarrer von St. Gotthardt (es ist dies derselbe Ort in Ungarn, wo Graf Montecuculi die Türken schlug), also der Pfarrer von St. Gotthardt sagte mir, wenn er über Land fahre, so wälzten sich neben seinem Wagen Zigeunerjünglinge, mit gespreiteten Händen und Füßen die umfliegenden Radspeichen nachahmend, oft stundenweit mit fort, lediglich um durch solche unermüdliche Turnkunst ihm einige Kupfermünzen abzunötigen. Dergleichen radschlagende Zigeunerburschen seien aber immer in bezug auf Bekleidung abstrakter als die Gedanken eines deutschen Idealphilosophen, was dem Herrn Pfarrer auf viele Wochen hinaus Stoff zum Lachen gibt.

Weit schlüpfriger sind ein paar Fälle, die mir selbst begegnet sind.

Im vorvorigen Sommer macht' ich in Gesellschaft eines Naturfreundes einen Ausflug nach Neusiedel, einem ungarischen Städtchen am gleichnamigen See, dessen Ufer manchen fleißigen Botaniker einiger seltenen Strandpflanzen wegen anziehn. Ich war eben, von meinem Gefährten zufällig getrennt, in des Sees Nachbarschaft bemüht, die Deckblätter einer Blütenkrone in Augenschein zu nehmen, als ein Fräulein auf mich zutrat, gehüllt in rosigen Atlas und bedeckt mit einem rabenschwarzen, aber ungeschmückten Sammethut. Das Dämchen sprach mich geradezu um eine Zehnguldennote an. Ich war verdutzt. Doch ich entdeckte bald einige Schmutzgemälde am rosigen Atlaskleide und auch einen nackten Fuß, der mit aschgrauem Straßenstaub bedeckt war. Die Trägerin dieses Putzes war eine Zigeunerin und obendrein eine niedliche.

Auf dem Heimweg traf ich eine kleine Rotte, die am Saum eines buschreichen Haines feldlagerte. Darunter waren gewiß nur zwei Gestalten als echte Zigeuner zu bezeichnen, vor allem ein junges Weib, das mit Ausnahme eines Tuches um den Kopf nichts am Leibe trug als ein Ding, das seines Umfanges wegen beliebt und berüchtigt ist, eine Krinoline. Neben diesem Weib stand ein Bursche, der trotz seines in die Mannesreife hinübergreifenden Wuchses das

*vierzehnte Lebensjahr kaum überschritten haben mochte. Der An-*
*zug dieses Menschen war zur Gänze von jener Schneidermeisterin*
*verfertigt, die beim Zuschnitt unserer Kleidungsstücke gar nicht*
*mehr mitsprechen darf, nämlich von der Natur. Dieser Junker, ohne*
*Zweifel nirgends salonfähig, sollte mir tags darauf wieder begegnen.*

*Ich machte in Gesellschaft einer jungen, sittlich etwas eigensinni-*
*gen Frau einen Ausflug, wobei sie die Gefälligkeit hatte, mich über*
*einige botanische Ergiebigkeiten der Gegend zu belehren. Mitten auf*
*den Feldern trat uns der naive Sohn der Natur Almosen heischend in*
*den Weg. Ich war unschlüssig, wohin ich mein Auge wenden sollte,*
*zum Zenith oder Nadir. Da geschah das Überraschende, daß sich die*
*Dame schneller zu fassen wußte als ich. Sie beschwor sich einen*
*brennenden Zorn auf Wangen und Lippen und machte dem Unver-*
*schämten in knappen Ausdrücken begreiflich, daß er, bevor er eine*
*milde Gabe beanspruchen dürfe, wenigstens die bösartigste Unziem-*
*lichkeit zu verdecken habe. Nun trat der Zigeuner allerdings mit*
*Selbstverleugnung seitab, und wir Pflanzenbeflissenen gingen beru-*
*higt weiter. Nach einer Stunde hatten wir den Rückweg angetreten.*
*Wirklich lief uns der junge Zigeuner wieder entgegen, diesmal wie*
*jemand, der uns Frohes mitzuteilen hat. Er hatte sich unterdessen*
*Hals, Brust und Arme mit einer Art von Mörtel dicht bestrichen.*
*Hiemit glaubte er unserer Auffassung von Zivilisation hinlänglich*
*Rechnung getragen zu haben und ließ die untere Hälfte seines Kör-*
*pers, die nur allerlei unwillkürliche Tätowierungen aufwies, nach*
*wie vor in paradiesischer Unschuld prangen. Ich und meine sitten-*
*strenge Begleiterin konnten diesmal unsre Verlegenheit unter einem*
*Gelächter verbergen, das sich stürzt und wälzt. –*

*Diese Andeutungen lassen zur Genüge auf die Eleganz jener Gäste*
*schließen, die ich jüngst beim Abendgebet verließ, jetzt aber neuer-*
*lich ins Auge fassen möchte.*

*Diese Bande, die sich aus fünfzehn Köpfen zusammensetzte, war*
*inzwischen im Hofraume unterhalb der Dachtraufe eingebettet wor-*
*den. Das durfte geschehen; denn der laue Azur der sommerlichen*
*Nacht benahm dieser Anordnung des Hauswirtes den Anschein der*
*Ungastlichkeit. Grüne Streu von zerhackten Tannenzweigen wurde*
*den Schläfern unterlegt, und grobhaarige Decken, freilich in unzu-*
*länglicher Zahl, wurden von der Wirtin ausgeteilt. Ein Knecht, in*
*Gesellschaft eines prächtigen Haushundes, machte die ganze Nacht*

*hindurch mit wachsamen Sinnen die Runde. Denn das ist erforder-*
*lich, wo Zigeuner träumen.*

*Ich aber hatte mein Lager gesucht, nicht mehr vom Schlaf, wohl*
*aber von der Sehnsucht gedrängt, mit meinen Gefühlen allein zu*
*sein, Gefühlen, die sich erst nach manchem Jahre einem gestaltenden*
*Gedanken unterordneten. Welcher Art, fragt' ich mich, welcher Art*
*ist die Grundkraft, die so häufig unser an natürlichem und sittlichem*
*Wert höher stehendes Volk zu einem Opfer der Zigeuner macht?*
*Welcher Art ist der Zauber, der ja auch meinen Geist in einem in-*
*haltsvollen Augenblick unter die Herrschaft dieser Fremdlinge*
*nahm? Wenn meine Antwort nicht umfassend genug ist, so entschul-*
*dige mich meine Besorgnis, den Hörer zu ermüden, während ich ihn*
*anzuregen wünsche.*

*Ist es an sich schon unleugbar, daß alles Fremdartige, wenn es zum*
*erstenmal uns vors Auge tritt, unsre Sinne und Geisteskräfte in*
*Spannung versetzt, so ist es mindestens ebenso gewiß, daß wir Deut-*
*schen angesichts der Zigeuner einer solchen Einwirkung zwiefach*
*preisgegeben sind. Wir, ein blondes Geschlecht, nicht etwa blond an*
*Haar und Gesicht allein, sondern auch blond in Seel' und Empfin-*
*dung, wir werden durch das, ich möchte sagen: galvanisierte*
*Schwarz in der Zeichnung jenes Volksstammes überrascht, geblen-*
*det, durch die schärferen Schattenstufen dämonisch bestochen und*
*unter Umständen festgehalten wie vom Zauber eines Schlangenblik-*
*kes. Das starre Beharren der Gesichtsmaske, das wenig wärmere*
*Seelenvorgänge erraten läßt, verleiht dem Zigeuner bisweilen das*
*Gepräge des Standbildlichen. Die wilde Einförmigkeit der Manieren,*
*beleuchtet vom grellen Glimmen des Auges oder vom kurzen Aufblitz*
*schlummernder Heißblütigkeit, versetzt die Gestalt des echten Zigeu-*
*ners in das Helldunkel stygischer Fernschau. Wie viel Eingriffspunkte*
*für die reichen Wurzeltriebe unsres einbildsamen Geistes!*

*Wir, durch Arbeit, Fleiß, Beschwerde des Strebens, ernsten Ge-*
*dankentrieb und durch Gefühlstiefe an die Gesetze der Stetigkeit ge-*
*bunden, folglich auch im Ausdruck der Bedächtigkeit unterworfen;*
*wir, vermöge der Mannigfaltigkeit unsrer Anlagen, auch in Sprech-*
*art und Bewegung vielfältig, wir werden durch den Anblick flinkent-*
*wickelter Lebhaftigkeit, durch die Erscheinung gradaus zielender*
*Unmittelbarkeit, also durch Dinge, die dem Zigeuner eigen sind, an*
*uns selbst irre und nicht selten mit fortgerissen. Wir, in unsern Rede-*

154

wendungen und Behauptungen weise vorbehaltlich, dem Fremdling gegenüber bescheiden und anerkennend, wir werden durch eine verwegene Sicherheit für Augenblicke sehr leicht eingeschüchtert, durch Dreistigkeit und Frechheit betäubt, besiegt und umstrickt. Wir, ein ehrlicher und gutmütiger Menschenschlag, dessen Dasein, dessen gesellschaftliche Ordnung und Größe auf einem schönen und mächtigen Sittengesetz beruht, wir haben meistenteils keine Ahnung davon, daß ein Mensch oder ein ganzes Volk unter Gottes Himmel gewissenlos und selbstbewußt zugleich sein, daß ein Mensch oder ein ganzes Volk sich mit der unverschämtesten Stirne zum Apostel oder Verfechter der Lüge aufwerfen und auf sein Laster stolz sein kann, während ein deutscher Mann eines Vergehens wegen zerknirscht ist. So erliegt unser redliches Bemühen dem unredlichen Glücksrittertum. Damit erklären sich weit größere geschichtliche Auftritte als die, welche uns die Zigeuner bieten. General Buonaparte führte eine neue Betriebsmacht in die Weltgeschichte ein, nämlich die vollendetste Verachtung der Götter und Menschen als Regierungsgrundsatz – die Treubrüchigkeit und Unzuverlässigkeit ohne Grenzen. Wir Deutschen, die wir einen so schwarzen Genius lange nicht auf Erden für möglich hielten, mußten unser heiles Vertrauen auf Welt und Weltordnung nacheinander auf ruhmlosen Schlachtfeldern büßen. Wir Deutschen haben die unselige Tugend, ein fremdes Volk bis zur blöden Hintansetzung unsrer selbst zu achten. auch wenn dasselbe wenig oder nichts Lobenswertes für sich hätte als eine hervorstechende Eigenheit. Wir ehren den Spanier seiner vielgerühmten Ritterlichkeit und seines Stolzes willen; wir schenken den Polen unser Mitgefühl seiner Vaterlandsschwärmerei halber, wir befürworten seine Freiheit, obwohl er uns kränkt und verachtet; wir bewundern den Magyaren, weil er sich gelegentlich in die Brust zu werfen versteht; wir würdigen den Franzosen, während er uns herabwürdigt; wir wünschen dem Italiener gutes Gedeihen, auch wenn er uns beschimpft; wir sind gerecht und nachsichtig gegen den Dänen, der uns zu übervorteilen versteht; wir erkennen zuvorkommend jede Forderung des Slaven als berechtigt an, wie sehr er uns auch haßt; wir vertrauen und bauen auf den Engländer, obgleich er nur dann für uns ein Herz hat, wenn er uns im gemeinen Sinne braucht; wir achten alle Völker, trotzdem sie uns ganz gewiß nicht achten werden, sobald sie unsre innere Unsicherheit, unsern albernen Zwiespalt gewahren;

*wir durchsuchen und durchforschen die ganze Welt, um uns selbst zu vergessen, um die Gründe zu vergessen, derentwillen wir berechtigt sind, uns selbst zu bevorzugen, zu lieben und über unsern eigenen Wert Freude zu empfinden. Es ist kein Zweifel, hinter diesem seltsamen Verhalten einer ganzen Nation birgt sich viel Menschlich-Schönes und Edles, das jedem Volke der Erde als Muster vorleuchten könnte. Doch unsre Tugend schlägt plötzlich zum Laster um, sowie ein großes Ereignis geharnischt vor unsere Schwelle tritt, ohne unser leidendes und leidiges Wesen aufzurütteln und unsre eingewurzelte unnatürliche Scheu vor dem göttlichen Wink der Geschichte zu überwinden, die uns schon oft unter das Richtbeil des Verhängnisses geführt. Die Götter sind niemandem feindlicher gesinnt als dem Philister, und nirgends unter der Sonne gibt es Kleinkrämer, die nicht von einem Großkrämer tyrannisiert würden. Wie jede Zukunft, so mag uns unsre deutsche Zukunft ein Rätsel sein. Doch dieses ist nicht so undurchdringlich, als wir gewöhnlich meinen. Wir stoßen bereits auf wirkliche Lösungen dieses deutschen Rätsels, Lösungen, die wir mit Beziehung auf unsre Heimat prophetisch nennen können.*

*Laßt uns ein wenig über den atlantischen Ozean schauen! Lenken wir unsre Blicke auf São Jorge dos Ilheos, oder wandern wir in Gedanken den Rio Contas hinauf, wo wir auf deutsche Ansiedlungen treffen. «Mit stiller Verachtung» – also erzählt Kaiser Max, der ein Mann von Gemüt und schöpferischem Geiste ist, also etwas weit Besseres als Kaiser von Mexiko – «mit stiller Verachtung blicken die neuen Schößlinge auf das alte Festland. – Die hagern Kinder mit den blassen fahlen Gesichtern, mit den vergißmeinnichtblauen Augen und den strohgelben, spießigen Haaren fielen mir besonders auf und erinnerten mich lebhaft an die Nachkommenschaft unsrer deutschen Dörfer. Ich ging auf zwei größere Knaben zu und sprach sie deutsch an; scheu blickten sie zu mir auf und konnten mir nicht antworten, den eigenen deutschen Namen brachten sie nur mit Mühe und verstümmelt hervor. Es waren Kinder deutscher Auswanderer, deren es in Ilheos viele gibt. Nicht ohne ein Gefühl der Entrüstung fand ich aber schon in ihnen die vollkommenen Brasilianer, die mit ihren eigenen Eltern nicht imstande waren, die Muttersprache zu sprechen. Und dann wundern sich die Deutschen, daß sie nirgends eine selbständige Stellung haben, daß sie, statt zu do-*

minieren, eine Art Mittelding zwischen Sklaven und Freien abgeben. Welch eine Schmach für deutsche Eltern, mit ihren Kindern in fremden Lauten zu verkehren! Wie muß das Familienverhältnis darunter leiden, wenn die schwache Mutter sich in fremden Ausdrücken mit ihrem eigenen Blute abquälen muß! – Diese überall sich wiederfindende Tatsache mag ein Hauptgrund der trüben Melancholie sein, die auf dem Antlitz und auf dem Wesen aller deutschen Kolonisten schwer und beängstigend lastet. Ich habe während meiner Reise keinen ganz heiteren deutschen Auswanderer gesehen; auf allen lag ein geheimer Schmerz. Erst die Kinder ziehen zuweilen Vorteil aus der gebrochenen Existenz ihrer Eltern, deren Charakterlosigkeit sie fast immer den fremden und geschlossenen Nationalitäten preisgibt. Das ist der Schmerz, der auf dem Gemüte dieser Fremdlinge lastet. – Zwei blasse Männer zogen des Weges, mit abgehärmten Zügen; einige deutsche Worte bewiesen uns ihren transatlantischen Ursprung. Sie antworteten in der Sprache ihres Heimatlandes, aber der Klang war nicht mehr voll und rein, der matte Ton hatte etwas Müdes und Trauriges; auch die Gestalten waren ohne Energie und Elastizität, wie von Leuten, die ihren Beruf verfehlten, sich nicht heimisch fühlen, für die der französische Ausdruck dépaysé im vollsten Sinne gilt. Ein solches Bild der Melancholie bieten die meisten deutschen Auswanderer; an allen nagt der heimliche Wurm.»

Ist das nicht Zigeunerluft, was von den Gestaden des Rio Contas herüberweht? Und diese gräßliche Melusine, was flüstert sie uns ins Ohr? Ein Wort von unsrer deutschen Zukunft, einen eiskalten Gruß von ihr auf baldiges Zusammentreffen. Ja, diese Zukunft naht bereits unheimlich unserm Horizonte, sieht über Ufer und Berge herein in die Tiefen unserer Länder, hager genug, wie der Genius des Todes mit der Leichenblässe im Angesicht. Wir haben kein Recht, es anders zu erwarten.

Was wir reden, hat nicht Mark; was wir tun, hat nicht Kern; was wir künstlerisch schaffen, hat nicht den Klang, nicht den Adel der großen Natur. Es sieht aus, als hätten wir uns die Aufgabe gestellt, die Kunst durch dürre Eigenheiten, durch nüchterne Volkstümlichkeit, durch erzwungene Naturalismen zu necken. Was wir im übrigen noch denken oder zur Geschichte beitragen, hat Raum genug im Hohlkegel einer Schlafmütze.

Unterdessen ward unsre Eigenart von Zigeunern und verschmitzten Nichtzigeunern als der diensamste Stapelplatz ausersehen, um alle möglichen Kniffe abzusetzen.

Mit der Dreistigkeit, das Volk durch seine Wunder und Wahrsagungen zu verblüffen, verbindet der Zigeuner einen ungewöhnlichen, aber niederträchtigen Scharfblick, die Schwächen und Leidenschaften der Menschen auszuspionieren, einen Scharfblick, der uns Einheimischen mehr oder minder mangelt, weil wir durch Mühen und Sorgen des Lebens verhindert sind, ihn zu schulen und zur Fertigkeit auszubilden. Desto mehr hat der Zigeuner Muße, niedrige Studien zu treiben, niedrige, weil er nach Art häßlicher Klatschseelen seinen Nebenmenschen stets unter der Linie seines Vollwertes abschätzt. Dieses beabsichtigte Eingehen auf den Geist der Alltäglichkeit, der ja alle Welt mit seinen gleichförmigen Taktschlägen beherrscht und auch dem Hochsinnigsten so manches bittere Opfer abnötigt, befähigt den Zigeuner, vieles mit überraschender Sicherheit zu erraten, wofür uns augenblicklich selbst die Ahnung gebricht.

Daß er auch unermüdlich seine Geschicklichkeit vervollkommnet, sich leicht und schnell mit dem Lebenslauf, den Geheimnissen und Daseinsbedingungen einzelner Persönlichkeiten bekannt zu machen, brauch' ich kaum eigens zu bemerken. Daß aber diese Gewandtheit auf den Unerfahrenen und leider auch auf den Lebensklugen und Gebildeten mächtig einwirkt, dafür könnte man Belege liefern, die auf das höchste betrübend sind. Wie oft vernahm ich den Ausruf derer, welche sich wahrsagen ließen: «O, ich bin kaum vor einer Stunde aus einer entlegenen Ortschaft hier eingelangt, fast niemand kennt mich, und doch wußte eine Zigeunerin, die ich aufsuchte, mit erschütternder Klarheit meine Lebensgeschichte aus den Furchen meiner hohlen Hand zu lesen.» – Wahrlich, die Bejammernswerten, die so anerkennend sprachen, ahnten nicht, daß eine Zigeunerin durchaus keiner vollen Stunde bedarf, um in die Verhältnisse ihres Opfers eingeweiht zu sein. Sie hat es bereits halb in den Fängen, wenn es ihr nur wegen eines Scherzes standhält. Allein meine Aufklärungsgelüste mußte ich stets bezähmen, sonst hätte ich den Unwillen der Gläubigen auf mich geladen.

Schon ein Jahr vorher, zu Michaeli 1917, hatte Rudolf Steiner am Goetheanum gesprochen: «Begriffe, die die Umgebung hergibt, die nicht aus dem Spirituellen kommen, reichen nicht mehr aus für das, was der Mensch braucht.» (Die Begriffe der Naturwissenschaft genügen nicht, um soziales Zusammenleben zu regeln; dazu bedarf es echter, neuer Inspirationen.)

Ordnung «wird nicht früher werden, als bis eine geisteswissenschaftliche Auffassung die menschlichen Herzen durchdringt. Alles andere wird Schein sein, alles andere wird scheinbare Ruhe sein, unter der immer neue und neue Feuerflammen sich entzünden werden... Aus ungeistiger Erfassung der Wirklichkeit» entsteht das Chaos.

«Ordnung wird aus dem Chaos der Gegenwart nicht, bevor eine genügend große Anzahl von Menschen sich bequemen wird, die geisteswissenschaftlichen Wahrheiten anzuerkennen.» Die schlafende Menschheit gibt sich über das, was 1914 bis 1917 geschehen ist, noch keine Rechenschaft; und wenn «ein neues Wettrennen nach materiellen Gütern entstehen sollte, wie es manche herbeisehnen als ein Ergebnis des Friedens», dann würde die Zerstörung nicht aufhören.

«Entweder der Geist wird begriffen, oder das Chaos bleibt.»[98]

Am 8. Januar 1918 verkündet Wilson seine 14 Punkte, und am 8. August 1918 entscheidet die Masse amerikanischer Panzer den Krieg.

In den dreißiger Jahren spricht Albert Steffen im Goetheanum: «Gäbe man, was ein einziges Flugzeug kostet, einer wahren Hochschule für Geisteswissenschaft, so würden mehr Menschen Geistesflügel wachsen, als der ganze Weltkrieg Opfer gekostet hat.»

Am 13. Februar 1945 werfen alliierte Flieger 2600 Tonnen Sprengbomben und 400000 Brandbomben auf Dresden. Die Stadt brennt sieben Tage und acht Nächte. 60000 Tote lagen unter den Trümmern.

ENTWEDER DER GEIST WIRD BEGRIFFEN,
ODER DAS CHAOS BLEIBT.

# Anmerkungen

1 R. Steiner, Mein Lebensgang. GA 28, Dornach 1982, Kap. VII. Das Zitat im Vorwort findet sich in: Vom Menschenrätsel. GA 20, Dornach 1957, S. 100.

2 E. Winkler, Fercher von Steinwand im Leben und in der Dichtung. Klagenfurt 1928, S. 19.

3 Fercher von Steinwands sämtliche Werke, in drei Bänden herausgegeben von Josef Fachbach, F. v. Lohnbach, Wien 1903; Band 3, S. 439. – «Sonntagskind» ist hier nicht wörtlich zu nehmen: Fercher wurde an einem Samstag geboren (und ist an einem Freitag gestorben).

4 Teurnia (Te-úrnia, Tiburnia): Keltisches Kulturzentrum bei Spittal/Drau. Die Spur seiner Christianisierung durch die (arianischen) Ostgoten wurde erst im 20. Jahrhundert bekannt: siehe W. Haiden, Das Mosaik von Teurnia (Aus Forschung und Kunst, Band 16, Geschichtsverein für Kärnten, Klagenfurt, 1972).

5 Von grauenhaften Hochwasserschäden berichtet die Chronik wiederholt: 1826, 1848, 1851, 1882, 1903, 1935, 1965 und 1966; schon 1731 war das – längst baufällige – Schloß Wildeck in drei Teile auseinandergebrochen. In jener alten Zeit, die Fercher meint, hat der Wildecker Bach einen Bergsturz ausgelöst, der die Möll auf mehrere Kilometer zurückstaute. Auf dem Schuttkegel ist dann der Ort «Stall» errichtet worden (G. Schweiger, 1000 Jahre Stall, Stall 1970, S. 17).

6 Die «Untere Steinwand», in deren Mitte das Eßl-Haus, die Gedächtnisschule und das Josefi-Kirchlein stehen, reicht von etwa 800 m bis 1100 m Seehöhe; die «Obere Steinwand» erhebt sich darüber bis zu 2000 m und leitet zu den Dreitausendern über.

7 Eine allgemeine Volksschule (im Sinne der Reichsverordnung vom Jahre 1868 über die allgemeine Schulpflicht) wurde in Stall erst 1871 von Johann Cella eingerichtet. Zur Zeit des kleinen Fercher gab noch der Anreiter Wirt Josef Kühr auf freiwilliger Grundlage Unterricht in seinem Gasthaus (G. Schweiger, a. a. O., S. 43; FW 1, S. 21–28).

8 Ortspfarrer war von 1832 bis 1841 Bartolomäus Gmeiner (G. Schweiger, a. a. O., S. 14).

9 Der Name *Fercher* ist in Kärnten nicht selten und heißt wohl «der bei den Forchen (Föhren) wohnt»; ähnliche Bildungen sind hier häufig: Bucher, Pikker, Lindner, Feichter (von «Fichte»). «Ferch'n» bezeichnet nach M. Lexer «Forellen».

10 Siehe bei Fachbach, Lohnbach a. a. O. (Anm. 3).

11 Car 1902; R. Wagner, Fercher von Steinwand, Wien 1910, S. 10.

12 Egger von Möllwald, der Mitschüler Ferchers und Lebensbegleiter, schildert diese Feier eingehend (Car I, Jahrgang 1900) und gibt auch die Festrede wieder, die Pater Engelberg «An seine Freunde» gehalten hat, nach der er dann jeden einzelnen mit einem Segenskuß entließ; FW 1.

13 J. Burger muß eine eindrucksvolle Persönlichkeit gewesen sein. Er war (laut

Egger, a. a. O.) wohl vorher schon Regimentsarzt und hatte nun, nach Ablegen der nötigen Prüfungen, Naturgeschichte unterrichtet. Der Direktor des Gymnasiums war ein Justizbeamter, die Lehrer aber lauter Benediktiner, die dem Kloster St. Paul (55 km östlich von Klagenfurt) unterstanden. In dieses Kollegium trat nun Burger ein, in bürgerlicher Kleidung, «eine neue, aber sympathische Erscheinung, achtunggebietend, heiter freundlich, so liebenswürdig, daß die ganze Klasse rasch für ihn gewonnen war». In der früher so aufgeregten Klasse gab es keine Unordnung mehr. – Als die Schüler heimlich eine Burschenschaft gründeten und die Polizei von dem Commers erfuhr, vermittelte Burger beim Polizeidirektor und riet den Schülern, die Anmeldung nachzutragen. Sie wurde bewilligt, aber der Präses (der verdächtige Fercher) wurde zum Militär geholt.

14 Die Zeitschrift umfaßt in den Jahrgängen 1849–1851 handgeschrieben acht Bände, zusammen 40 cm stark. Sie wird derzeit im Landesmuseum Klagenfurt unter Herrn Dr. Friedrich Wilhelm Leitner aufgearbeitet. Unter den etwa zwölf Verfassern zeichnen fünf mit dem Kneipnamen «Leirer»; Fercher ist der dritte unter diesen.

15 Autobiographie, Werke, Band 1, S. 21 ff. E. Winkler, Fercher von Steinwand im Leben und in der Dichtung, Klagenfurt 1928, S. 12. (Diese Schrift bringt 36 Seiten Biographie, eine Auswahl von Gedichten und drei bisher unveröffentlichte Briefe.)

16 Briefe von Fercher von Steinwand, Wien 1905; Briefe vom 20. April und 5. September 1849. – Diesem Buch sind, wenn nicht anders vermerkt, die Zitate aus seinen Briefen entnommen.

17 Vergleiche seinen Brief vom 5. September 1849.

18 Laibach und Görz gehörten zur Monarchie.

19 Brief vom 5. September 1849.

20 Brief vom 12. Februar 1851. – Die kursiven Teile in diesem Zitat wie auch in allen folgenden sind original, das heißt aus den gedruckten Ausgaben so übernommen.

21 Brief vom 16. November 1851.

22 Brief vom 22. Januar 1852.

23 Zum Beispiel: Allgemeine Menschenkunde als Grundlage der Pädagogik, 14 Vorträge, gehalten in Stuttgart im September 1919. GA 293, Dornach 1980.

24 Brief vom 11. März 1852.

25 Brief vom 22. Oktober 1851.

26 Das Bild ist seit etwa 1960 in Privatbesitz in Oberösterreich; nach Wagner ist es erst 1859 gemalt (also nach seiner Rückkehr von Dresden). Es ist wohl nach dem Tode von Ferchers Mutter (1879) dem in Stall hochgeschätzten Schullehrer J. Cella übereignet worden; es befindet sich jetzt im Besitz seiner Nachkommen in Oberösterreich.

27 Siehe: F. Zauner, Das Hierarchienbild der Gotik. Stuttgart 1980, S. 165 f.

28 C. Wurzbach, Biographisches Lexikon des Kaisertums Österreich, 1857 bis 1892.

29 FW 3, S. 431.

30 Einleitung zu den ungedruckten Briefen Robert Hamerlings, Band 2, S. 431.
31 Egger von Möllwald, Car 1866.
32 Brief vom 7. Mai 1857.
33 Diese Abhandlung (siehe Gesamtausgabe, 3. Band) wurde, wie aus Anspielung auf spätere Ereignisse zu schließen ist, umgearbeitet.
34 Nachmals König von Sachsen.
35 Brief vom 23. November 1862 (mitgeteilt von F. Winkler, a. a. O., S. 34).
36 Brief vom 23. November 1862 (in Ferchers «Briefen»).
37 Brief vom 11. Januar 1867.
38 R. Steiner, Mein Lebensgang, a. a. O., Kap. VII.
39 R. Hamerling, Werke, Band 13, S. 208 ff.
40 R. Steiner, Vom Menschenrätsel, a. a. O., S. 99.
41 Ders., Gesammelte Aufsätze zur Kultur- und Zeitgeschichte, 1887–1901. GA 31, Dornach 1988.
42 Ders., Mein Lebensgang, a. a. O., Kap. VII.
43 Ders., Vom Menschenrätsel, a. a. O., S. 100.
44 Ders., Mein Lebensgang, a. a. O.
45 Ders., Briefe I, GA 38, Dornach 1985, S. 168. – Siehe auch Friedrich Lemmermayer, Ein österreichischer Dichter, in: Das Goetheanum, Dornach 1928, S. 93 und 98.
46 R. Steiner, Kunst und Kunsterkenntnis. GA 271, Dornach 1985.
47 «Sei mir gegrüßt, mein Berg mit dem rötlich strahlenden Gipfel...»
48 «Verteilet euch nach allen Regionen...»
49 R. Steiner, Gesammelte Aufsätze zur Literatur 1884 bis 1902. GA 32, Dornach 1971, S. 125 f.
50 Anton Resinger ist am 6. Juni 1887 geboren, hat 14jährig Fercher noch gesehen und gern davon erzählt. Ich konnte mit Resinger als 64- und als 90jährigem noch sprechen. Mit seiner «Fercher-Stuben» im Gasthof «Post» in Rangersdorf (zwischen Lainach und Stall gelegen) pflegte er in bäuerlicher Art eine Erinnerung an den Dichter, die nun seine Tochter, Frau Anna Holzmann, weiter betreut. Die Einweihung des Denkmals am 10. September 1978 in Stall hat er zwar noch erlebt, konnte aber nicht mehr teilnehmen. Er ist bald darauf, am 10. Dezember, gestorben.
51 Zweites Tor, links an der Friedhofsmauer, gegenüber der russischen Kirche; Gruppe Null, Reihe 1, Nr. 30.
52 FW 1, Autobiographie.
53 FW 1, S. 27 f.
54 Über die literaturgeschichtliche Stellung Ferchers siehe: E. Nußbaumer, Geistiges Kärnten. Klagenfurt 1956, S. 393–405.
55 FW 3, S. 278 ff., S. 439.
56 E. Winkler, a. a. O., S. 90.
57 Bisher unveröffentlicht; ÖNB s. n. 9605.
58 FW 3, S. 307–321.
59 R. Steiner, Mein Lebensgang, a. a. O., Kap. VII.
60 Siehe: F. Zauner, Das Hierarchienbild der Gotik, a. a. O.; R. Steiner, Wahrspruchworte, GA 40, Dornach 1986.

61 Ders., Mein Lebensgang, a. a. O., Kap. VII.

62 FW 1, S. 244.

63 FW 3, S. 7–36, und zwei Seiten Vorwort.

64 Karl Vogt (1817–1895), Naturforscher und Politiker; galt als einer der eifrigsten Vorkämpfer des Materialismus in Deutschland. Emil DuBois-Reymond (1818–1896), Anatom und Physiologe, untersuchte seit 1841 die Wirkung der Elektrizität in den Organismen; Physiologie soll «die Physik und Chemie der Lebensvorgänge» sein. Berühmte Reden «Über die Grenze des Naturerkennens» (1872); ein Denken, das über Mathematik hinausgeht, sei «unwissenschaftlich».

65 R. Steiner, Entwickelungsgeschichtliche Unterlagen zur Bildung eines sozialen Urteils, GA 185 a, Dornach 1963.

66 FW 3, S. 6.

67 Iduna, 1892, Heft 4, S. 68–73.

68 R. Steiner, Aus schicksaltragender Zeit, GA 64, Dornach 1959, Vortrag vom 4. März 1915 in Berlin.

69 Ders., Aus dem mitteleuropäischen Geistesleben, GA 65, Dornach 1962, Vortrag vom 9. Dezember in Berlin.

70 Ders., Vom Menschenrätsel, a. a. O., S. 105.

70a Mit dem Bild des Fackelträgers wird hingewiesen auf den Genius des deutschen Volkes, dem Fercher in besonderer Weise nahe stand (siehe S. 107 ff. dieses Buches). Rudolf Steiner hat Helmuth von Moltke mit diesem Bild vertraut gemacht: «Aber an dem Abgrund steht für das deutsche Volk nicht ein Genius mit gesenkter, sondern mit hocherhobener Fackel. Was auch kommen mag, der Weg zum Lichte wird gefunden werden. Und Hindernisse und Schwierigkeiten werden nur die Bedeutung haben, daß die Kräfte wachsen werden, um den Weg zu finden, um dem Genius zu folgen.» (Zit. aus: Mitteilungen aus der Anthroposophischen Gesellschaft in Deutschland, Ostern 1962.)

71 R. Steiner, Wahrheit und Wissenschaft, GA 3, Dornach 1980.

72 Ders., Entwickelungsgeschichtliche Unterlagen zur Bildung eines sozialen Urteils, a. a. O., Vortrag vom 15. November 1918 in Dornach.

73 Ders., Die Sendung Michaels, GA 194, Dornach 1983, Vortrag vom 14. Dezember 1919 in Dornach.

74 Ders., Eurythmie – die Offenbarung der sprechenden Seele, GA 277, Dornach 1980, S. 297–600. Die Entstehung und Entwickelung der Eurythmie, GA 277a, Dornach 1982, S. 92 ff., S. 191.

75 Ders., Entwickelungsgeschichtliche Unterlagen zur Bildung eines sozialen Urteils, a. a. O., Vortrag vom 17. November 1918 in Dornach.

76 Ders., Allgemeine Menschenkunde als Grundlage der Pädagogik, a. a. O.

77 Ders., Mysterienwahrheiten und Weihnachtsimpulse, GA 180, Dornach 1980, Vortrag vom 23. Dezember in Basel.

78 Ders., a. a. O., Vortrag vom 26. Dezember 1917.

79 Ein «Septimaner» besucht die siebente Klasse, ist also etwa 17 Jahre alt.

80 Das Goetheanum, Dornach 1928, Nr. 12 f.

81 FW 3.

82 Wien, 5. Jahr, Heft 3.
83 R. Steiner, Die Entstehung und Entwickelung der Eurythmie, a. a. O., S. 92 ff.
84 In: Das Goetheanum, Dornach 1942, S. 85.
85 Siehe: Das Goetheanum, Dornach 1952, S. 380 ff.; Was in der Anthroposophischen Gesellschaft vorgeht, Dornach 1953, S. 41 f., 49 ff.; Carinthia I, Klagenfurt 1953, S. 455–476.
86 R. Steiner, Mein Lebensgang, a. a. O., Kap. VII.
87 Ders., Die Mission einzelner Volksseelen im Zusammenhang mit der germa-
   nisch-nordischen Mythologie, GA 121, Dornach 1982, Vortrag vom 12. Juni
   1910 in Kristiania.
88 Ders., Die Rätsel der Philosophie in ihrer Geschichte als Umriß dargestellt,
   GA 18, Dornach 1985; F. Zauner, Das Hierarchienbild der Gotik, a. a. O.,
   S. 137–196.
89 Dante, Die Göttliche Komödie, Paradies 10, S. 115 ff., und 18, S. 94–139; der
   Benediktiner-Papst Gregor der Große (590–604) wirkte richtungweisend für
   die abendländische Kirche.
90 R. Steiner, Entwickelungsgeschichtliche Unterlagen zur Bildung eines sozialen Urteils, a. a. O., Vortrag vom 15. November 1918 in Dornach.
91 Ders., Mysteriendramen, GA 14, Dornach 1981. Der Seelen Erwachen,
   15. Bild.
92 J. P. v. Falkenstein, Johann, König von Sachsen, Dresden 1878; ders., Zur
   Charakteristik König Johanns von Sachsen, Leipzig 1879; Brockhaus Konver-
   sationslexikon, 1898; Meyer, Lexikon, 1926.
93 A. Steffen, Geist-Erkenntnis – Gottes-Liebe, Dornach 1949, S. 120.
94 W. Kreun, Allgemeine Geschichte, Wels 1949.
95 Sachsen unter König Albert, Sächsischer Volksschriftenverlag 1898, S. 280 ff.
96 R. Steiner, Entwickelungsgeschichtliche Unterlagen zur Bildung eines sozialen Urteils, a. a. O., Vortrag vom 15. November 1918 in Dornach.
97 FW 3, S. 417–436.
98 R. Steiner, Die spirituellen Hintergründe der äußeren Welt, Der Sturz der
   Geister der Finsternis, GA 177, Dornach 1977, Vorträge vom 29. September
   und 7. Oktober 1917 in Dornach.

# Literaturnachweis

*Abkürzungen:*

| | |
|---|---|
| (Autobiographie) | Fercher, Autobiographisches [acht Seiten, vom 70jährigen Dichter verfaßt; FW 1). |
| (BE 17) | Brockhaus Enzyklopädie, 17. Aufl., 1966–1976. |
| (BK 14) | Brockhaus' Konversations-Lexikon, 14. Aufl., 1898. |
| (Biographie 1859) | Ein biographischer Abriß über Ferchers Leben bis 1859 (vermutlich von einem Freund geschrieben; wenige Seiten). WStLB 25475. |
| (Car) | Carinthia I, Mitteilungen des Geschichtsvereins für Kärnten, Klagenfurt (Jg. 1866, S. 475 ff., und Jg. 1900, S. 103 ff.: A. Egger über Fercher und Dr. Burger; Jg. 1902, S. 101 ff.: E. Rauscher über Fercher). |
| | Falkenstein, J. P. v., Johann, König von Sachsen, ein Charakterbild; Dresden 1878. |
| | – Zur Charakteristik König Johanns von Sachsen; Abh. d. phil.-hist. Classe d. Königl.-sächs. Ges. d. Wissenschaften Leipzig 1879. |
| (FB) | Fercher von Steinwands Briefe, hrsg. v. Josef Fachbach, E. v. Lohnbach; Daberkows Verlag, Wien 1905. |
| (FW) | Fercher von Steinwands sämtliche Werke in drei Bänden, hrsg. v. J. Fachbach; E. v. Lohnbach; Th. Daberkows Verlag, Wien 1903. |
| (FW 1) | – Band 1: Vorwort von J. Fachbach; Einleitung von F. Christel; Autobiographisches; Gedichte: Deutsche Klänge aus Österreich; Jugendblüten; Johannisfeuer (darin auch Bruchstücke seiner Epen); Gräfin Seelenbrand (eine Satire auf den Materialismus). |
| (FW 2) | – Band 2: Einleitung von Dr. W. Madjera; Dankmar (Trauerspiel); ferner aus dem Nachlaß die Dramen: Ein Prometheus; Der Thronwechsel; Drahomira; Berengar. |
| (FW 3) | – Band 3: (Zur Gänze aus dem Nachlaß 1855): Der Geisterzögling; Epische Gedichte (Der Rabbi von Worms; Gyges; Maultasch-Ritt); Kryptofloren (ein poetisches Spruch- und Tagebuch); Abhandlungen: Dante Alighieri (1875?); Gottfried Keller (1890); Über Friedrich Marx (1883); Eine Begegnung mit Friedrich Halm (1878); Über das Epos und über epische Dichtung; Über Schilderung und Beschreibung in erzählenden Dichtungen (1892); Eine «Geschichte des modernen Dramas» (Rezension über ein Buch von A. Klaar, 1882); Iduna (Vorwort |

zur Begründung einer Dichter-Gesellschaft, 1892);
Zigeuner (Begegnisse und Betrachtungen, 1859);
Aphorismen.

Fercher von Steinwand, Kosmische Chöre, (Nachwort von C. S. Picht), Stuttgart/Den Haag/London 1928.

– Kosmische Chöre (Nachwort von H. O. Proskauer); Heft 30 der Reihe Denken–Schauen–Sinnen, Zeugnisse deutschen Geistes, Stuttgart 1966.

– Gedichte, Aphorismen, Kosmische Chöre (mit einer Lebensbeschreibung von H. O. Proskauer), Basel 1985.

E. Froböse, Gedenkfeier für Fercher von Steinwand, in: Das Goetheanum, Dornach 1942, S. 85 f.

(GA)  Gesamtausgabe der Werke R. Steiners, Dornach/Schweiz.

(GH 5)  Der Große Herder, Freiburg/Br. 1956–1962.

(Gotha)  Gothaisches Diplomatisches Jahrbuch, Gothaisches Genealogisches Taschenbuch, Gothaischer Hof-Calender.

W. Haiden, Das Mosaik von Teurnia. Der Versuch einer Deutung aus symbolischer Sicht, Car I, 1959, S. 445–460; Nachdruck in Aus Forschung und Kunst, Band 16, Bonn 1972; teilweise abgeändert: Das Mosaik von Teurnia. Deutung eines frühchristlichen Kunstwerkes, in: «Die Drei», Stuttgart 1971, S. 337–347.

R. Hamerling, Ungedruckte Briefe in vier Bänden, hrsg. v. J. Böck-Gnadenau, Wien 1897.

G. Hartmann, Fercher von Steinwand, in: Das Goetheanum, Dornach 1978, S. 95. Ebenso in: Lebenswege, Dornach 1980, S. 168 ff.

W. Hoerner, Zeit und Rhythmen, Die Ordnungsgesetze der Erde und des Menschen, Stuttgart 1978.

(Jugendbiographie)  Aus Ferchers Jugendjahren 1828 bis 1844 (in der dritten Person verfaßt, wohl vom Dichter selbst, für die Kommilitonen der «Teurnia»; 16 Seiten); ÖNB 9602.

O. Kaltenbrunner, Fercher von Steinwand, in: Die Christengemeinschaft, Stuttgart 1979, Heft 3, S. 82 f.

R. Kötzschke und H. Kretzschmar, Sächsische Geschichte, Frankfurt a. M. 1965.

F. Lemmermayer, Fercher von Steinwand, der österreichische Dichter, Ein Gedenkblatt, Österreichische Blätter für Freies Geistesleben, Wien, März 1928, S. 15–23.

– Ein österreichischer Dichter, in: Das Goetheanum, Dornach 1928, S. 93 ff. und 98 ff.

(ME 9) Meyer, Enzyklopädisches Lexikon, 9. Aufl., 1975.

(ML 7) Meyer-Lexikon, 7. Aufl., 1924–1933.

Nagl-Zeidler-Castle, Deutsch-Österreichische Literaturgeschichte in vier Bänden (namentlich 3. Band, S. 432 ff.).

E. Nußbaumer, Geistiges Kärnten, Literatur- und Geistesgeschichte des Landes, Klagenfurt 1956.

(ÖBL) Österreichisches Biographisches Lexikon.

(ÖNB) Österreichische National-Bibliothek (samt Bildarchiv und Handschriften-Sammlung), Wien I.

Sachsen unter König Albert, Sächsischer Volksschriften-Verlag 1898.

G. Schweiger, 100c Jahre Stall, Stall 1970.

A. Steffen, Geist-Erkenntnis – Gottes-Liebe. Versuch einer Synthese von Wissenschaft, Kunst und Religion, Dornach 1949.

R. Steiner, Goethes Naturwissenschaftliche Schriften, 1883–1897, GA 1.

– Methodische Grundlagen der Anthroposophie, 1884–1901, GA 30, (darin auch: Goethe als Vater einer neuen Ästhetik, Vortrag, gehalten im Wiener Goetheverein am 8. November 1888).

– Grundlinien einer Erkenntnistheorie der Goetheschen Weltanschauung mit besonderer Rücksicht auf Schiller, 1886, GA 2.

– Gesammelte Aufsätze zur Literatur, 1884–1902, GA 32.

– Gesammelte Aufsätze zur Kultur- und Zeitgeschichte, 1887–1901, GA 31.

– Die Grundfrage der Erkenntnistheorie mit besonderer Rücksicht auf Fichtes Wissenschaftslehre, 1891.

– Erweitert als: Wahrheit und Wissenschaft, 1892, GA 3.

– Die Philosophie der Freiheit, 1894, GA 4.

– Das Christentum als mystische Tatsache, 1902, GA 8.

– Theosophie, 1904, GA 9.

– Wie erlangt man Erkenntnisse höherer Welten?, 1904, GA 10.

– Die Geheimwissenschaft im Umriß, 1910, GA 13.

– Die Mission einzelner Volksseelen im Zusammenhange mit der nordisch-germanischen Mythologie, gehalten in Kristiania (Oslo), 7. bis 17. Juni 1910, GA 121.

- Vier Mysteriendramen, GA 14:
  Die Pforte der Einweihung, 1910;
  Die Prüfung der Seele, 1911;
  Der Hüter der Schwelle, 1912;
  Der Seelen Erwachen, 1913.
- Die Rätsel der Philosophie in ihrer Geschichte als Umriß dargestellt, 1901/1914, GA 18.
- Vom Menschenrätsel. Ausgesprochenes und Unausgesprochenes im Denken, Schauen, Sinnen einer Reihe deutscher und österreichischer Persönlichkeiten, 1916, GA 20.
- Die spirituellen Hintergründe der äußeren Welt, 14 Vorträge, Dornach, 29. September bis 28. Oktober 1917, GA 177.
- Entwicklungsgeschichtliche Unterlagen zur Bildung eines sozialen Urteils, acht Vorträge, Dornach, 2. bis 24. November 1918, GA 185 a.
- Allgemeine Menschenkunde als Grundlage der Pädagogik, 14 Vorträge, Stuttgart, 21. August bis 5. September 1919, GA 293.
- Mein Lebensgang, 1923–1925, GA 28.
- Wahrspruchworte, 1906–1925, GA 40.

H. Teutschmann, Neues über Fercher von Steinwand, in: Das Goetheanum, Dornach 1978, S. 207.

G. Wachsmuth, Die Geburt der Geisteswissenschaft. Rudolf Steiners Lebensgang von der Jahrhundertwende bis zum Tode (1900–1925). Eine Biographie, Dornach 1964.

R. Wagner, Fercher von Steinwand, sein Leben, sein Verhältnis zu Grabbe, «Ein Prometheus», Diss., Wien 1910.

(WStLB) Wiener Stadt- und Landbibliothek, Rathaus.

H. Wilkens, Drei Beiträge über Fercher von Steinwand, in: Die Drei, Stuttgart 1978: Ideelle Prophetie: Das Verhängnis (S. 130–143); Imaginatives Erinnern: Chor der Urträume (S. 487–494 und S. 561–568); Kosmische Intelligenz im Menschen, Wandlungen des Gewissens (1980, S. 593–603).

- Ein Lebens- und Werkbild, in: Die Drei, Stuttgart 1978, S. 601 ff.

E. Winkler, Fercher von Steinwand im Leben und in der Dichtung, hrsg. von der Kärntner Landsmannschaft, Klagenfurt 1928.

C. Wurzbach, Biographisches Lexikon des Kaisertums Österreich, 60 Bände, 1857–1892.

F. Zauner, Fercher von Steinwand, in: Das Goe-

theanum, Dornach 1952, S. 380 ff., Forts. in: Was in
der Anthroposophischen Gesellschaft vorgeht, Dornach 1953, S. 41 f. und S. 49 ff.
- Fercher von Steinwand. Eine Betrachtung zum
50. Todestag des Kärntner Dichters am 7. März 1952.
Carinthia I, Mitt. d. Geschichtsvereins für Kärnten,
Klagenfurt 1953, S. 455–476.
- Fercher von Steinwand, Ein Fackelträger des Geistes,
1828–1902, Klagenfurt 1978.
- Das Hierarchienbild der Gotik, Thomas von Villachs
Fresko in Thörl. Stuttgart 1980.
- Rilkes Esoterik vom Gesichtspunkt der Anthroposophie. Festvortrag, gehalten in Castell Duino, in:
Centro Studi «Rainer Maria Rilke e il suo tempo»,
atti del decimo convegno, Duino-Trieste, 8 ottobre
1982, S. 53–90.
- E. Zawischa, Fercher von Steinwands Dramenwerke:
ungehobene Schätze des Sprachgeistes, in: Das Goetheanum, Dornach 1979, S. 89 ff.

Eine Reihe weiterer Hinweise bringt das Deutsche Literatur-Lexikon, Bern und
München 1972, S. 924 f.

# Personenverzeichnis

Albert von Sachsen (1828–1902), König von 1873–1920   136, 138–143

Alexander II., Zar von Rußland (1855–81)   139

Ariosto Ludovico (1474–1533), italienischer Dichter   71, 99

Bach, Alexander von; österreichischer Staatsmann; stärkte den Neoabsolutismus («Bachsches System» 1849–59)   32

Behr, Karl; Dr. J. H. August von; sächsischer Staatsmann   141

Bender, Karl; Maler, stammte aus Norddeutschland, porträtierte Fercher (laut Wagner 1859)   28, 30, 119

Benedek, Ludwig von; österreichischer Armeeführer (1848–66)   139

Beust, Friedrich Ferdinand von (1809–86); sächsischer, dann österreichisch-ungarischer Staatsmann   138, 141 ff.

Bismarck, Otto Fürst von (1815–98), Reichskanzler   139 f., 144

Böck-Gnadenau, Josef; literarischer Leiter des Daberkow-Verlages   33, 59

Bötticher, Dr. med. (Wien, Bognergasse 13), rettet dem 24jährigen Fercher das Leben und adoptiert ihn   29 f., 37, 126

Bötticher, Karoline; die Gattin des Arztes und Ferchers Pflegemutter «Mama» (gestorben im Winter 1879/80)   30, 37, 54

Burger, Dr. med. Johann, greift als Lehrer, Hauptmann und Arzt wiederholt helfend in Ferchers Leben ein (gestorben am 3. September 1879)   23 f., 126

Byron, Lord George N. G. (1788–1824); englischer Dichter   68 f.

Cabanís, Pierre Jean George (1757–1808); französischer Arzt und Schriftsteller, Leibarzt des Mirabeau, Aufklärer; nahm Gedanken der neueren Biologie vorweg   87

Calderón de la Barca (1600–81); spanischer Dramatiker   103

Christel, Franz; Schriftsteller, Lyriker, befreundet mit Fercher und R. Steiner; hielt die Gedenkrede für Fercher bei der Enthüllung des Denkmals über dem Ehrengrab (Wien 1904)   54 f., 57, 106–109

Dankmar (Thankmar); Halbbruder Ottos des Großen, gefallen 939   38 f., 120

Dante Alighieri (1265–1321), italienischer Dichter   5, 26, 49, 64 ff., 71, 73, 99, 107, 122, 126, 131, 133, 136 ff.

Darwin, Charles (1809–82); britischer Biologe; 1859 erschien sein Buch «Von der Entstehung der Arten» als Auszug aus seinem vierbändigen Gesamtwerk   40

Deák, Franz (1803–76); ungarischer Staatsmann, der «Weise des Vaterlandes»   142

Dionysios der Areopagite; Mitglied (oder Vorsitzender?) des Areopags in Athen (Apg. 17)   131

Dionysius («Pseudo-Dionysius»); siehe unter Petrus Fullo   131

Dionysius Jemand (Deckname)   22

Doser, Stefan; Schüler des jungen Fercher   20

Doser, Stefi; Töchterchen des Lehrers Doser; Fercher hat ihr Nachhilfestunden in Latein gegeben   19

Doser; Lehrer Ferchers   19 f.

Drahomira; Herzogin von Böhmen (10. Jahrhundert)  41
Du Bois-Reymond, Emil (1818–96); Psychologe; versuchte, auch die lebende
Natur mechanisch zu erklären  87
Edlauer, F.; Dekan der juridischen Fakultät Graz; entflammte des Dichters Geist
am deutschen Idealismus  25, 112
Egger, Dr. Alois (5. Januar 1829–16. März 1904); bedeutender Schulreformer,
Hauslehrer des Kronprinzen Rudolf von Habsburg; geadelt zum «Ritter von
Möllwald»; Sekretär des Wiener Goethevereins (1888). Ferchers Förderer und
Lebensbegleiter. Er war, wenige Kilometer von Stall entfernt, in Flattach gebo-
ren und neuneinhalb Monate jünger als Fercher. Dieser bemerkt 60jährig im
Brief an seinen Freund, daß dessen Empfängnistag seinem Geburtstag sehr
nahe liegt. Egger gehörte im Goetheverein zu denen, die R. Steiners Lehrer
Karl Julius Schröer unterstützten. Er hat auch Steiner dort als Vortragenden
gehört und darüber in der Chronik des Goethevereins berichtet  24f., 27–30,
37ff., 41, 60f., 63, 116
Egger-Bauer  12
Eßl-Bauer  16
Fachbach, Dr. Josef, Edler von Lohnbach; Jugendbegleiter und Studiengenosse
Ferchers und stets anhänglicher Freund; hat seinen Nachlaß herausgege-
ben  42, 141, 144
Falkenstein, Dr. Paul von; sächsischer Staatsmann; gab Grundlagen für eine Bio-
graphie des Königs Johann  136ff., 141ff.
Fichte, Joh. Gottlieb (1762–1814), deutscher Philosoph  25, 87, 112
Frankl, Dr. med. Ludwig August von (1810–94); epischer Dichter und Literatur-
Historiker  32
Franz Joseph I. (1830–1916); Kaiser von Österreich  139, 141
Freiligrath, Ferdinand (1810–76); erst Revolutionär, später patriotischer Dich-
ter  27
Friedrich II.; Römischer Kaiser, Deutscher König (1215–50)  46
Friedrich August II. (1797–1854), König von Sachsen (1836–54)  138
Friedrich August III., König von Sachsen (1904–18)  140
Friedrich Wilhelm IV., König von Preußen (1840–61)  136
Friesen, Richard von; sächsischer Staatsmann  141ff.
Fritz, Franz, Ferchers Präfekt  22
Frohnwieser, Georg; Vater von Josef und Johann Kleinfercher  15, 18
Früh, Amalia, Baronin  42
Fullo Petrus (s. u. Petrus Fullo)  131
Garibaldi, Giuseppe (1807–82); italienischer Freiheitskämpfer  142
Georg, Herzog von Sachsen-Meiningen (1826–1914); förderte großzügig Refor-
men des Theater- und Konzertwesens  138
Georg, Prinz von Sachsen, Albertinische Linie (1832–1914); Vorsitzender im
Altertumsverein; Staatsrat; Generalfeldmarschall; König (1902–04)  34,
138, 140, 144
Goethe, Johann Wolfgang von (1749–1832)  57f., 73, 108
Grabbe, Christian Dietrich (1801–36); genialer dramatischer Dichter; an Trunk-
sucht früh gestorben (vgl. Dissertation von Wagner)  41, 103, 108f., 116

Gregor I., der Große, Kirchenlehrer, Papst (590–604)   131

Grimm (Brüder), Jacob (1785–1863); Wilhelm (1786–1859); bedeutende Sprachforscher   26

Grillparzer, Franz (1791–1872); österreichischer Dichter   27, 119

Guggenberger, Josef; unterstützte den kranken Fercher im Alter. (Auf Guggenbergers Grabstein am Kirchenportal von Stall stehen die Worte: «Lernet sterben».) Seine Tochter und deren drei Töchter kannte der Autor noch persönlich; sie haben schon zu Ferchers Lebzeiten dessen Gedichte gelesen und geschätzt.   58

Halm, Friedrich (Deckname für E. v. Münch-Bellinghausen, 1806–1871); Erster Kustos der kaiserlichen Hofbibliothek, lebenslängliches Mitglied des österreichischen Herrenhauses, von Juli 1867 bis November 1970 Generalintendant der Wiener Hoftheater; einer der beliebtesten Tragödiendichter seiner Zeit   40 f., 110

Hamerling, Robert (1830–89); wirkte bis 1866 als Gymnasial-Professor in Triest, dann als Dichter in Graz; seine Verse gehören zu den edelsten, die in deutscher Sprache geschrieben wurden (siehe auch sein Nachwort zu seinem Epos «Der König von Sion»)   10, 43 f., 49 f., 59, 96, 120, 127, 143

Hanslick, Dr. Eduard (1825–1904); Musikästhetiker, Musikreferent mehrerer Zeitungen; lehrte 1856–95 an der Wiener Universität   31

Hebbel, Christine; Hofschauspielerin, Gemahlin Friedrich Hebbels   27

Hebbel, Dr. Friedrich (1813–63); Dichter   27, 39, 103, 109, 119

Hegel, Georg W. F. (1770–1831); deutscher Philosoph   25, 112, 116 f.

Heilmann, Pater Joseph; Leiter des Benediktiner-Gymnasiums in Klagenfurt   20 ff.

Heinrich IV., Deutscher König (1056–1106), Römischer Kaiser seit 1084   41

Heinrich V., Deutscher König (1106–25); zwang seinen Vater Heinrich IV. zum Abdanken und ließ sich 1111 zum Kaiser krönen   41

Homer, 8. Jahrhundert v. Chr., ionisches Kleinasien   49, 71, 99, 136

Howard, Henry (1517–47), Dichter; schuf das englische Sonett und verwendete (beim Übersetzen der Äneis) zum ersten Mal den Blankvers   68

Humboldt, Wilhelm von (1767–1835); Gelehrter und Staatsmann   137

Hyrtl, Auguste (1816–1901); Gemahlin des berühmten Anatomen; selbst Dichterin, hat an Ferchers Schaffen fördernden Anteil genommen   42, 60, 70, 95, 97

Hyrtl, Dr. Josef (1810–94); weltberühmt als Anatom und Universitäts-Professor; bekannt durch seine Wohltätigkeit; hat Fercher tatkräftig gefördert   42 f.

Inglsperger, Hans und Elise (Beamter des Hof- und Staatsarchivs in Wien und seine Gemahlin), haben sich des greisen Dichters freundlich angenommen   58

Jean Paul (1763–1825); deutscher Schriftsteller und Dichter   135

Johann von Sachsen (1801–73), König von 1854–73; feinsinniger Gelehrter und Dante-Übersetzer; Pseudonym: Philalethes   135–138, 141, 143

Jordan, Wilhelm (1819–1904); Dichter und Ästhetiker; Politiker; markanter Vortrags-Künstler seiner großangelegten Dichtungen («Die Nibelungen»)   27, 44

Kassin, Josef; Kärtner Bildhauer   60

Keller, Gottfried (1819–90); Schweizer Dichter   67

Kleinfercher, Anna (1798–1879); Magd; Mutter von Josef und Johann Kleinfercher   15 f., 18 f., 29, 31, 54, 129

Kleinfercher, Johann (1828–1902); Alpenschäfer und Dichter   12, 21, 60

Kleinfercher, Josef (geboren etwa 1823); war 1848 «in engelsgleicher Harmonie»
verheiratet (FB)   15, 18

Laube, Heinrich; Schriftsteller; Artistischer Direktor des Hofburgtheaters
(1849–67); Leiter des Wiener Stadttheaters (zwischen 1872 und 1879)   40

Laura; eine Dame, der Fercher zu ihrem Namenstag eine Abhandlung über das
Epos und zwei Gesänge schickt. («Die historischen, geographischen und politi-
schen Anspielungen wird Ihnen gewiß Ihr Herr Gemahl in einer traulichen
Familienstunde erklären.»)   44, 69

Leirer: Ferchers Kommers-Name; nach dem Symbol des Dichters   14, 16, 19

Lemmermayer, Fritz; Dichter, Seele eines Dichterkreises, Gründer der «Iduna»,
befreundet mit Fercher und R. Steiner; schrieb 1928 eine Erinnerung an Fercher von Steinwand   54, 57. 96 f., 120 ff., 127

Lessing, Gotthold Ephraim (1729–81), deutscher Dichter   44, 68

Levitschnigg, H. von   29

Lexer, Matthias von (1830–1892), Ferchers Freund und bedeutender Sprachforscher (Mittelhochdeutsch)   26, 31

Lingg, Hermann von (1820–1905); Schriftsteller, Dichter von Epen und Dramen;
Arzt   44

Lueger, Dr. Karl;   österreichischer Politiker; Bürgermeister von Wien
(1897–1910)   59

Madjera, Dr. Wolfgang; zweiter Vizepräsident der Deutsch-Österreichischen
Schriftsteller-Genossenschaft (1902)   5

Marx, Friedrich (1830–1905); Oberst, feinsinniger Lyriker, Dramatiker und
Übersetzer; Freund Hamerlings und Ferchers   50, 90

Maximilian, Prinz von Sachsen   135

Milton, John (1608–74); englischer Dichter   68

Napoleon I., Kaiser der Franzosen (1804–1815)   33, 66, 135

Napoleon III., Kaiser der Franzosen (1852–70)   141 f.

Nero, römischer Kaiser (54–68)   44

Neßl-Bauer (Eßl)   16

Nietzsche, Friedrich (1844–1900), deutscher Philosoph   107

Otto I., der Große; Römischer Kaiser, Deutscher König (936–973)   27, 38, 41

Pasler (Pahsler), Engelbert, Benediktiner-Pater, Professor, ein Vorbild für Fercher   22

Paulus, Apostel   126 f., 130 f., 133

Petrus Fullo (Petrus, der Tuchwalker), Patriarch von Antiochia (gestorben 488),
genannt «Pseudo-Dionysius», schrieb das berühmte Buch über die Hierarchien
nieder   131

Philalethes (Deckname des Dante-Übersetzers Johann von Sachsen)   136

Pichler, Dr. Friedrich (1834–1919), Professor, in Graz, Historiker, Dramatiker und
Lyriker; förderte schon 1867 die Verbindung Ferchers mit Hamerling   43, 49

Plato (427–347), griechischer Philosoph   74, 87, 112, 122, 132

Rabenhorst, Bernhard von; Oberst; sächsischer Staatsmann   141

Rauscher, Ernst von Stainberg (1834–1919), entstammte dem ältesten Gewerkengeschlechte Kärntens, trat in die Leitung der Gewerkschaft ein und konnte sich im Kreis seiner Familie seiner zarten Landschaftspoesie widmen   31, 34, 43, 49, 58, 143

Resinger, Anton (1887–1978); Gastwirt in Rangersdorf (6 Kilometer westlich von Stall)   16, 30, 60

Rosegger, Peter (1843–1918); steirischer Schriftsteller   59, 115

Rudolf von Habsburg (1858–89); Sohn Kaiser Franz Josephs I., Kronprinz   25, 96

Schelling, Friedrich W. J. von (1775–1854), deutscher Philosoph   25, 58, 112

Schiller, Friedrich von (1759–1805)   18, 26, 28, 108 f.

Schlosser, Friedrich Christoph (1776–1861); Historiker   64, 137

Shakespeare, William (1564–1616)   41, 68, 103, 109, 116

Spenser, Edmund (1552–99); englischer Dichter, neben Shakespeare der bedeutendste der englischen Renaissance   68 f.

Spicker, Gideon (1840–1912); deutscher Philosoph   134

Steffen, Albert (1884–1963); Schweizer Dichter; Vorsitzender der Allgemeinen Anthroposophischen Gesellschaft 1925–63; durch 42 Jahre Schriftleiter der Wochenschrift «Das Goetheanum»   37, 127, 137, 159

Steiner, Franz; Militär-Zahlmeister; stand Fercher in dessen letzten Lebensjahren bei   60

Steiner, Marie (1867–1948); Gemahlin Rudolf Steiners; inszenierte im Goetheanum dessen vier Mysteriendramen, den gesamten Faust I und II, viele Dramen Albert Steffens und anderes; gab R. Steiners Nachlaß heraus   76, 113

Steiner, Dr. Rudolf (1861–1925); Geistesforscher, Begründer der anthroposophischen Geisteswissenschaft und der Freien Hochschule am Goetheanum in Dornach bei Basel; schuf neue Mysterienkunst   10, 13, 23, 28, 34 f., 37, 46, 54 f., 57 f., 61, 75 ff., 88, 94, 97, 110–120 ff., 125 ff., 130–133, 144 f., 159

Tanzenberger, Johann; Kaplan in Stall   17, 19

Thorrer, Marte; Ferchers Taufpatin   16

Thun, Leo Graf von (1848–60); österreichischer Staatsmann, Minister für Kultus und Unterricht   32

Uhland, Ludwig (1787–1862); Dichter und Germanist   69

Vogt; Naturforscher   87

Wachsmuth, Dr. Guenther (1891–1963), Schriftsteller und Mitglied des Vorstandes der Allgemeinen Anthroposophischen Gesellschaft   10

Wagner, Richard (1813–83), deutscher Komponist und Dichter   31

Wagner, Dr. Richard   13, 42 f., 61

Wehl, Feodor (1821–90); künstlerischer Leiter, dann Generalintendant des königlichen Hoftheaters in Stuttgart (1869–84); erfolgreicher Dramatiker und bedeutender dramaturgischer Schriftsteller und Kritiker   41, 110

Wilhelm I., Deutscher Kaiser (1871–88), König von Preußen   95, 139

Wilhelm II. (1859–1941); Deutscher Kaiser (1888–1918), König von Preußen   95, 113, 138 f.

Wilson, Woodrow; Präsident der Vereinigten Staaten von Nordamerika (1918–21); proklamierte am 8. Januar 1918 seine «Vierzehn Punkte» 127, 145, 159

Winkler, Dr. Ernst 9, 16, 30, 72, 115, 117, 127

# Verzeichnis der Abbildungen

Fercher im 32. Lebensjahr . . . . . . . . . . . . . . . . . . . . . 2
Ölgemälde von Karl Bender (1859)
Privatbesitz, © Michael Greil

Photographie vom 22. März 1871 . . . . . . . . . . . . . . 51

Fercher im 49. Lebensjahr . . . . . . . . . . . . . . . . . 53
Photographie vom Februar 1872

Photographie vom 6. Dezember 1884 . . . . . . . . . . . . 56

Fercher im 72. Lebensjahr . . . . . . . . . . . . . . . . . 62
Photographie aus dem Jahre 1900

© betr. Abbdilungen auf S. 51, 53, 56 und 62 beim Bildarchiv der Österreichischen Nationalbibliothek in Wien.

# THOMAS KRACHT

## Robert Hamerling

Sein Leben – Sein Denken zum Geist
Schicksal an der Schwelle

Herausgegeben von Karl-Martin Dietz
für das Friedrich von Hardenberg Institut
für Kulturwissenschaften, Heidelberg

1989, 200 Seiten, 7 Abbildungen,
kartoniert, Fr. 24,–/DM 28,–
ISBN 3-7235-0544-9
(erscheint im Oktober 1989)

Hundert Jahre nach seinem Tod ist der deutsch-
österreichische Dichter und Philosoph Robert
Hamerling (1830–1889) immer noch ein Unbekannter. Seine Zeit feierte ihn als einen ihrer
größten Dichter, seiner Person aber begegnete
man gleichgültig oder haßerfüllt. Noch immer
wird ein schiefes Bild seines Lebens kolportiert.
Niemand hat eindringlicher auf Hamerlings Leben hingewiesen als Rudolf Steiner. Er wollte ein
Verständnis für dieses Leben wecken, weil sich daran ein Verständnis des Geistes entzünden konnte
und es so zu aller Welt sprechen sollte als ein
Zeugnis des Geistes an der Schwelle zum 20. Jahrhundert. Seine Hinweise können den Blick öffnen
auf den unbekannten Hamerling, in dessen Leben
und Werk sich geistige Entwicklungen offenbaren, die im Untergrund der Gegenwart wirken.